> 認知症カフェ

# 開催と継続のための
# 10 steps!!

企画・運営者の覚え書き

## step 1

### 認知症カフェの意義を理解する

第1章、Q10、Q15

　認知症カフェは、新たな試みです。地域の中で新しい空間を作り上げていくためには、多くの人の協力や理解が必要になります。協力や理解を得るためには、企画・運営者自身が認知症カフェの必要性やその魅力を理解し、説明できるようにならなければなりません。

## step 2

### 地域のキーパーソンを掴む

Q7、Q8、Q11、Q12、Q40

　認知症カフェの継続のカギは地域住民の理解を得ることです。地域には、町内会や自治会、民生児童委員協議会などの組織があります。その中心人物にまず説明し、協力を得るとよいでしょう。地域のキーパーソンに運営メンバーになってもらうことで、地域全体に浸透しやすい素地をつくり、認知症カフェの成功に向けた新たなチームを作ることができます。

## step 3

### 目的を定め、名称を決める

第1章、Q1、Q3、Q21

　認知症カフェの必要性について理解が得られたら、目的を明確に定めます。目的は複数あってもよいですが、短い文章でわかりやすくまとめることが大切です。運営メンバーで目的を考えていくことは、とても重要な作業です。この作業を通して、共通認識が深まり、さまざまなアイデアが生まれてくるからです。地域の人も一緒に考えるとよいでしょう。

　同時に認知症カフェの名称を決めます。「認知症」という言葉を入れるかどうかは議論になるところです。「認知症」という言葉を入れることに抵抗があり、別の名称になるかもしれませんが、企画・運営者は、認知症の人のため、地域のためという意識が薄れてしまわないよう助言します。

## step 4 　3か月前までに

### 運営メンバーによる初回打合せ

Q2、Q3、Q4、Q6、Q8、Q16、Q17、Q20、Q23、Q24

　認知症カフェの開催が決定したら、日程と場所を決めます。初回の打合せは、開催日から逆算して、3か月前までには行いましょう。時間はあっという間に過ぎてしまうため、スケジュール管理が大切です。初回の打合せまでに、予算や周知方法などの素案を考えておくとよいでしょう。ミニ講話や演奏を企画している場合は、講師やテーマ、演奏者の選定を行います。先々の予定がわかると参加しやすくなるので、半年先くらいまでの企画を決めておくとよいでしょう。

＜初回の打合せ事項の例＞
- 会場の選定（候補会場の見取り図）
- 初期に必要な物品と調達方法
- 必要な経費
- 参加費の徴収の有無と料金設定
- 当日までのスケジュールと役割
- ミニ講話の講師と内容
- 音楽の演奏者
- 当日の流れと役割分担
- チラシの作成や周知の方法
- 次回打合せの日時

## step 5 　2か月前！

### 地域の関係者への説明

第1章、Q9、Q10、Q13、Q15、Q43

　開催日時と場所が決まったら、地域の関係者に認知症カフェの意義を理解してもらうための活動をはじめます。「地域の関係者」とは、サロンの主催者や団体、社会福祉協議会、デイサービス、地域包括支援センター、行政関係者などです。チラシや案内を送付する前に、認知症カフェとサロン等との目的や対象者、意義の違いをきちんと説明し、協力関係を築いておく必要があります。

## 講師や演奏者に依頼し、打合せをする     Q20、Q31

　ミニ講話で外部の人に講師を依頼する場合は、通常の研修依頼と少し異なります。雰囲気づくりのためスーツとネクタイ、パワーポイントの詳しい資料…ではなく、参加者と会話をするように講義してもらうように依頼しましょう。生演奏を依頼する場合は、音楽は主役ではなく、会話を促し、リラックスするためのものであることを説明します。選曲は認知症カフェの雰囲気をつくる重要なポイントです。この点を理解してもらえる人を探しましょう。演奏者として協力してくれる人がいないかどうか、地域の人に聞いてみることもおすすめです。

## 必要な物品をそろえる     Q4、Q5、Q19

　1か月前には、必要な物品をそろえておきましょう。また、準備したものをどこで誰が管理しているかがわかるように一覧表を作ります。コーヒーや紅茶など保存できるものは早めに購入しておくとよいでしょう。雰囲気づくりで大切な机、椅子、音楽、飲み物などは実際に会場に行き、確認しておきましょう。特にキッチンは、使ってみなければわからないこともあるため、運営メンバーでプレ開催や見学会を行うこともおすすめです。

## 地域の人や関係者に開催を知らせる     Q18、Q36、Q37、Q38

　1か月前には、チラシを作成して案内を始めます。町内会の回覧板や掲示版は地域の人への呼びかけに有効です。地域包括支援センターには、相談窓口で直接チラシを渡してもらえるよう依頼しましょう。何よりも有効なのが口コミです。実際に、「○○さんに誘われて来ました」という人はいちばん多いので、口コミで広めていくためにも、運営メンバーとして地域の人に加わってもらうとよいでしょう。大きな力を発揮してくれるはずです。

<チラシを作るときのポイント>
- 目的がわかる(文字が多すぎない)
- 日時がわかる
- 主催者・団体がわかる
- 駐車場や地図、会場までのアクセス方法がわかる
- 申込みが必要かどうかがわかる
- 見学可能かどうかがわかる
- 問合せ先がわかる
- 次回開催日がわかる

## 直前の準備と打合せ

Q14、Q18、Q36

　はじめて開催する場合には、1週間前に打合せをしておくと安心です。予約制にしている場合は、参加者数が概ねわかってくる頃なので、準備する飲み物やお菓子の数を検討します。見学者からの問合せが多い場合は、受け入れ可能人数を決めておくとよいでしょう。初回開催までに企画・運営メンバーが集まる機会をつくることで、一体感が高まります。

## 振り返りと次回以降の計画を立てる

Q34、Q35

　認知症カフェの終了直後または数日以内に振り返りを行い、今回の運営面の確認と次回への準備について話し合いを行います。

<振り返りのポイント>

- 今回の参加者の内訳
- 誘導、キッチン、室内案内、ミニ講話、相談コーナーなど各係の反省点
- 物品の過不足の確認
- ミニ講話やプログラムの進行や内容
- 音楽の選曲
- 認知症の人や家族の反応や会話の内容
- 交流の度合い
- 介護の相談や個別の相談の内容と対応
- 今回の効果（目的に照らして）
- 周知の方法

　これらの内容を振り返り、次回までに改善や準備が必要なものを整理しておきましょう。効果はすぐに見えるものばかりではなく、毎回の積み重ねが、1年後、2年後に実を結ぶこともあるので継続していくことが大切です。

Q38、Q39、Q40、Q41、Q42、Q43

# 認知症カフェ読本

知りたいことがわかる
Q&Aと実践事例

矢吹知之 著
認知症介護研究・研修仙台センター
東北福祉大学

中央法規

# 認知症カフェへの期待

**認知症カフェは出会いの場や情報交換の場であってほしいと思います。**

### 当事者の方へ

認知症になったからといって終わりではありません。

勇気をもって一歩踏み出して、認知症カフェに行ってみてください。そして、病気のことや困っていることを家族以外の人、1人でよいので話をしてみてください。自分の気持ちが変わりますので。

### 家族の方へ

認知症カフェに当事者が行きたいと言っても、「近所の人に知られるかもしれない」と言って反対したり、「行くなら遠くへ行って」と言う家族もいます。やはり偏見があるから知られたくないと思っていると思いますが、偏見は思っているよりも少ないのです。認知症カフェに行って病気をオープンにすることで、たくさんの人が支えてくれます。偏見をもつ人とは付き合わなければよいだけで、支えてくれる人や同じ認知症の仲間とこれから楽しく過ごしていけばよいと私は考えています。

むしろ偏見は周りの人よりも自分自身の中にあるのかもしれません。「周りから何か言われるのでは」「どのように思われているのだろうか」と考えてしまうからです。自分の中の偏見が少なくなると、仮に周りの人から何か言われても気にならなくなっていくはずです。

認知症カフェは、必ず家族で行かなければならないものではありません。家族が一緒ではないほうが当事者は気軽に話ができることもあります。誰か家族以外の人に頼んで一緒に行ってもらうのもよいと思います。

そして、家族は周りに迷惑をかけるかも知れないと思わないでほしいのです。当事者は家族にも自分の時間を大切にしてほしいと思っています。家に戻って来たときに笑顔でいてほしいと思っているからです。

### 認知症カフェの運営者の方へ

認知症カフェは、当事者や家族に前向きになってもらうきっかけ作りにはとてもよいと思います。ときに、当事者に何か役割を持たせてほしいと思います。例えば、

コーヒーを淹れる、運ぶ、司会をするなどです。いつもお客様扱いするだけではなく、慣れてきたら認知症カフェの運営に携わり、社会とのつながりをもつことで自信を取り戻すことが出来るからです。
　認知症になったということで当事者は自信をなくしています。認知症カフェに行くだけでも最初の一歩を踏み出すのには勇気がいるものです。前向きになる場所となるためにも、手伝いをお願いすることで認知症になっても何か役に立てると思ってもらえることが当事者に勇気を与えるのではないかと思います。

### 参加者の方々へ

　当事者同士の交流も大切にしてください。また、家族同士の交流も大切にしてください。実際に私は、私よりも先に不安を乗り越えた当事者との出会いで前向きになれました。それまでは周りの人に「大丈夫だよ」「がんばりなさい」と言われても「認知症になったこともないくせに…」と心の中で反発していました。しかし、当事者からの言葉はすっと心の中に入ってきたのです。不思議なもので当事者同士でないとわかり合えないものがあるのではないかと思いました。
　家族が入ることで話したいことも話せなかったり、家族が話を止めてしまったり、代弁してしまったりすることがあります。そうすると当事者は自信を失います。それだけは避けてほしいと思います。
　だから私は、パートナーと一緒に、認知症当事者が不安を持っている当事者の話を聞く相談窓口「おれんじドア」を行おうと思ったのです。「おれんじドア」では、当事者だけで話をして家族などは入らないようにしています。認知症当事者の語りを大切にしてください。

　認知症カフェが地域にできれば、当事者の居場所が増え、笑顔でいきいきと過ごしていくきっかけになります。認知症カフェをきっかけにして、認知症になっても終わりではない、偏見のない社会になることを願っています。

認知症当事者／「おれんじドア」代表
丹野智文

# はじめに

　認知症「　　　」カフェ。
　あなたなら、この空欄をどんな言葉で埋めるでしょうか。
　認知症カフェは、ビジネスでもなければ介護保険サービスでもありません。それにもかかわらず2012（平成24）年以降、日本では、全国各地で始めたいという人や地域が次々と現れています。
　認知症カフェには今のところ、公的な基準や制約はなく、また保証もありません。裏を返せば、誰でも参加できる多様性が認められた活動です。それなら何をやってもよさそうですが、忘れてはならないことがあります。それは、認知症カフェは誰のために何をする場所なのかという「目的」です。つまり認知症「　　　」カフェのこの空欄部分にどんな言葉を埋めて説明するのかということです。本書ではしつこい程に、目的の大切さを強調しています。多様性は、新たな発想を生む可能性を秘めている一方で、目的が見えにくくなり認知症の人が混乱する可能性もあるからです。認知症の人の混乱は、運営する側にも影響します。そこで第1章では、改めて認知症カフェの目的と効果を見つめ直したうえで、認知症カフェを分類する「見えない線」や「枠組み」を描くことを試みました。
　認知症カフェという名称の魅力は、新たな「つながり」の可能性にあるのかもしれません。認知症カフェでは、認知症の人、家族、専門職、地域住民など、参加者すべてがこれまでの「支えられる人と支える人」という関係性から解放され、ひとりの「人」として新たな形の「つながり」を考えるきっかけを与えてくれます。
　私たちは日常生活のなかで、多くの「出会い」に囲まれています。しかし、その出会いを有意義なものに深めることができないのは、仕掛けが足りないからだと思います。悩みや不安を抱えている人はなおさらで、自ら声をかけて自分の思いを話すには大きな勇気が必要です。抱える悩みが個人的で深いほど人には言い出せません。認知症のように自分の人生や生き方にかかわる悩みであればなおさらです。話してしまったら周りの人は遠ざかってしまうのではないか、自分の居場所がなくなってしまうのではないか、今までの「つながり」を失ってしまうのではないかという恐怖や不安に駆られ、結果的にひとりで悩んでしまいます。
　これまで出会った認知症の人やご家族には、「近所の人に助けられた」「素晴らしい介護職に出会った」と、「出会い」や「つながり」について話をしてくれる人が大勢いました。こうしたよい出会いは、今までは「偶然」に任せられていましたが、認知症カフェは、その「出会い」と新たな「つながり」の仕掛けがつまった場なの

です。不幸にも出会いがなかった人、新たな出会いに踏み出せなかった人、避けていた人にも参加しやすい、開かれた場所です。その仕掛けの作り方を第2章のQ&Aでまとめました。

　なぜ、介護者交流会や家族向けの研修会に参加する人は限られてしまうのでしょうか。こうした会に参加するには、家族は、覚悟や準備が必要であり緊張や不安感を伴います。つまり、偶然性が高く、流動的、可変的で不安定な集まりといえるのではないでしょうか。いわば「敷居が高い」と感じているのかもしれません。認知症カフェは、認知症の人だけではなく、家族、専門職、地域住民にとって、これまでなかった「新たな場所」です。それに気づかせてくれたのは、認知症カフェ発祥の国オランダでした。徹底的に敷居の低さを意識し、「相談する人と相談される人」という感覚をなくしています。イギリスでは多様な当事者同士の「つながり」の在り方と、日本が将来的に直面するであろう課題について示唆を与えてくれました。現場は驚きと発見に満ちています。第3章では、国内外の11の事例を詳しく紹介しました。

　認知症カフェが運んでくれた新たな文化は開かれたばかりです。すなわち日本には「認知症カフェの専門家」という人はほとんどいないのです。したがって本書で取り上げるさまざまなテーマについても、私が実際に足を運び、そして自ら認知症カフェを運営しながら通り抜けたばかりの「難所」をガイドしているものです。旅の達人が書いた旅行のガイドブックは、初心者には難しすぎますが、つい先ほど、そこをはじめて旅した旅行者の情報を基にしたガイドブックは初心者にとって「使い勝手がよい」ものになると思っています。

　できるだけ「わかりやすく」書くことを意識しましたが、複雑なことを「簡単」に書いたわけではありません。本書で目指したのは、認知症カフェの雰囲気を「わかりやすく」、そして複雑な構造を温存しつつ、ゆるやかに認知症カフェの本質的な展望を示すことです。そのため、便宜的に認知症カフェを「オープンな認知症カフェ」と「本人・家族の認知症カフェ」に分類して展開しています。認知症カフェの在りようは、まだまだ揺らぎの中にあるので、単純化し過ぎることは危険ですが、ここから第三の在り方が生まれてくることを期待しています。

　前置きはここまでです。さあ、コーヒーを準備してください。カップを片手にゆるやかに学んでいきましょう。

目　次

認知症カフェ開催と継続のための10steps!!
認知症カフェへの期待
はじめに

# 第1章　認知症カフェとは？

| | | |
|---|---|---|
| **1** | 「カフェ」という言葉に込められた思い | 2 |
| | コラム　さまざまな「カフェ」 | 4 |
| **2** | 認知症カフェの施策 | 6 |
| **3** | 認知症カフェに期待される効果 | 8 |
| | コラム　認知症ケアパスと認知症カフェ | 9 |
| **4** | 認知症カフェのタイプ | 10 |
| **5** | 認知症カフェがめざす方向 | 22 |
| **6** | 改めて「認知症カフェ」とは？ | 24 |
| | コラム　地域の財産として育まれる場所に | 28 |
| **7** | 認知症カフェ先進国の状況 | 29 |
| | コラム　オランダ人の気質―オランダの「認知症カフェ」視察記より | 34 |
| | コラム　オレンジリングではなくブルーリング | 42 |

# 第2章　認知症カフェの知りたいことがわかるQ&A

### 1・開設の準備

| | | |
|---|---|---|
| **Q1** | 誰が主催するのがよいのでしょうか | 44 |
| **Q2** | 開設にあたって必要な手続きを教えてください | 45 |
| **Q3** | どのような場所（立地、周囲の環境など）が適していますか | 47 |
| | コラム　環境への配慮 | 49 |
| **Q4** | どのくらいの広さで、どのような設備が必要でしょうか | 50 |
| **Q5** | 開設・運営に必要な物品を教えてください | 51 |
| **Q6** | 運営資金はどのくらい必要ですか。また、どのように集めたらよいのでしょうか | 53 |
| | コラム　認知症カフェの参加費 | 56 |

| | | |
|---|---|---|
| Q7 | 地域の人への理解はどのように得たらよいでしょうか | 57 |
| | コラム 「認知症カフェ」という名称 | 58 |
| Q8 | 開設・運営にはどのような役割の人が何人必要ですか | 59 |
| Q9 | 専門職の役割は何ですか | 61 |
| Q10 | 専門職がいなくても運営できますか | 62 |
| Q11 | ボランティアの役割は何ですか | 64 |
| Q12 | ボランティアはどのように集めたらよいでしょうか | 66 |
| Q13 | 運営に携わるスタッフにはどのような研修が必要ですか | 69 |
| | コラム スコットランドの「カフェボランティア」の育て方 | 71 |
| Q14 | 参加者の事故やけがに備えた保険は必要ですか | 72 |
| Q15 | 認知症カフェとサロン等との違いは何ですか | 73 |

### 2・運営上の工夫

| | | |
|---|---|---|
| Q16 | 開催時刻や開催時間について教えてください | 74 |
| Q17 | 開催頻度はどのように考えたらよいでしょうか | 76 |
| Q18 | 予約制にしたほうがよいでしょうか | 77 |
| Q19 | テーブルや椅子の配置で気をつけることはありますか | 79 |
| Q20 | インテリアや音楽（BGM）について教えてください | 81 |
| Q21 | タイプ別の基本的な展開例を教えてください | 83 |
| Q22 | 認知症に関する情報提供は行ったほうがよいのでしょうか | 87 |
| Q23 | ミニ講話や情報提供のテーマは、どのように決めたらよいでしょうか | 88 |
| Q24 | アクティビティのアイデアを教えてください | 90 |
| Q25 | 入口での参加者の迎え方について教えてください | 92 |
| Q26 | 参加者の座り方（位置）で気をつけることはありますか | 93 |
| Q27 | コーヒーや紅茶のすすめ方は、どうしたらよいでしょうか | 94 |
| Q28 | 会はどのように始めて、どのように終えたらよいでしょうか | 95 |
| Q29 | カフェらしい「ゆるやかな時間」をつくるにはどうしたらよいでしょうか | 96 |
| Q30 | 落ち着いて過ごせる雰囲気をつくるにはどうしたらよいでしょうか | 98 |
| Q31 | 「役割を外す」とは、具体的にどのようなことでしょうか | 99 |
| Q32 | 参加者の年齢、症状に違いがあるときに配慮すべきことはありますか | 101 |
| Q33 | 参加者の体調や症状の変化には、どのように対応したらよいでしょうか | 102 |
| Q34 | 実施の記録は、何をどのように書いたらよいでしょうか | 103 |
| Q35 | 参加者の効果を評価する必要はありますか | 104 |
| Q36 | 見学者を受け入れる際に、気をつけることはありますか | 108 |
| Q37 | 自治体の担当者から「〇〇さんを誘ってほしい」と言われました。どのようにアプローチしたらよいでしょうか | 110 |

### 3・継続のための工夫

**Q38** 参加者がなかなか増えません。どうしたらよいでしょうか　111
**Q39** 参加者が固定化しています。このままでよいでしょうか　113
**Q40** 問題なく開催していますが、このまま継続していてよいのか不安になります　114
**Q41** 参加者がやめたいと言っています。どのように対応したらよいでしょうか　115
**Q42** 症状が進行し、参加が難しくなってきた人を
他のサービスにつなぐ方法を教えてください　116
**Q43** プログラムがマンネリ化している気がします。何かよい方法はありますか　118

## 第3章 認知症カフェの実践事例

### 1・オープンな認知症カフェ

事例1： アルツハイマーカフェ　アムステルダム東（オランダ）　120
事例2： アルツハイマーカフェ　ウェースプ（オランダ）　126
事例3： アルツハイマーカフェ　ホーエファ（オランダ）　133
事例4： 土橋カフェ（神奈川県川崎市）　138
　コラム　驚きの出会い　143
事例5： みたか夕どきオレンジカフェ（東京都三鷹市）　144

### 2・本人・家族の認知症カフェ

事例6： メモリー＆アルツハイマーカフェ（イングランド）　149
事例7： アルツハイマーカフェ　フットボールメモリーズ（スコットランド）　156
事例8： 思い出カフェ　昔なつかし語らいの会（岩手県奥州市）　163
事例9： ガーデンカフェ（広島県福山市）　168
事例10： カフェdeオレンジサロン（京都府京都市）　174
事例11： オアシスカフェ（スコットランド）　179

参考文献
あとがき

# 第1章

# 認知症カフェとは？

　ドレスコードがないパーティーに参加するのはとても不安です。制服がない職場でも同じかもしれません。何を基準に服装を決めたらよいかわからないからです。認知症カフェもその目的がなければかかわる運営者や参加者の不安は解消されません。認知症カフェは、まだ新しく、たくさんの可能性を秘めた活動なので、目的はその時、その地域によって異なってよいのです。しかし忘れてはいけないのは、「認知症カフェは、認知症の人や介護家族、地域全体で目的が共有される必要がある」ということです。その活動は、初期の認知症の人への支援の空白期間や暮らしの中の隙間を埋め、あなたの地域に認知症の人と共に生きる新たな文化のきっかけをもたらしてくれるはずです。さあ、目的を探す旅の扉を開きましょう。

# 1 「カフェ」という言葉に込められた思い

## カフェの歴史

　　私たちは「カフェ」という場所に何を求めているでしょうか。カフェというと、コーヒーや紅茶を楽しむだけでなく、ちょっとおしゃれで、だれでも受け入れてくれるオープンな雰囲気を感じませんか。

　　カフェ文化が発祥したヨーロッパでは、カフェは大人の社交場として発展してきました。イギリスでは、カフェで政治や経済が議論され、新たな企業やジャーナリズムが発展していきました。また、フランスやイタリアでは芸術家や文豪がカフェに集い、新たな芸術や文化が開花していきました。芸術家では、ピカソ、ダリ、ゴッホそして岡本太郎、文豪では、ヘミングウェイやヘンリ・ミラー、ハリーポッターのJ.K.ローリングもカフェを拠点に執筆をしていたそうです。今でもヨーロッパのカフェでは、昼間から年配の男性が集まり、エスプレッソを片手に、真剣に政治やスポーツの話をしている姿が見られます。

　　文明開化と共にカフェ文化は日本にも伝わりました。東京上野に1888（明治21）年に開業した「可否茶館」は、日本で最初のカフェとされています。ここでは、コーヒーはもちろんビリヤードやトランプ、新聞、雑誌などを置いて、交流の場を設けていたそうです。明治の終わり頃になるとあちこちにカフェは登場しました。銀座の「カフェー・プランタン」は芸術家たちの語らいの場として、会員制のカフェとして有名です。ここから徐々にカフェの大衆化が始まりました。カフェは「コーヒーを飲みながら、友人と語らうことができる大衆的な社交場」「人々の休息、語らい、待ち合わせや情報交換の場」という「文化的な側面」が支持されて日本にも定着していきました。

## 「居場所」としてのカフェ

　　アメリカの社会学者レイ・オールドバーグはこうした「出会い、語り合い、情報交換する場所」を「サードプレイス」と呼び、家と職場（学校）の中間点であり、パブリックでもプライベートでもある「第三の居場所」の必要性を説いています。子どもの頃に作った秘密基地やサラリーマンにとっての赤提灯の

ような存在と言えるかもしれません。ストレスや役割から解放され、自分自身を見つける場所でもあります。

「カフェ」はこのような可能性が秘められている場所であり、オランダで生まれた「認知症カフェ」という名にもこの思いが込められているように思います。なぜ、「サロン」ではないのか、「ミニデイサービス」や「出張デイサービス」ではないのか…。単に「コーヒーを飲む場所」というだけではなく、そこで何をするのか、どのような時間を演出するのかが問われているのではないでしょうか。

## 「カフェ」の本質

「認知症カフェ」という名称に対して、多くの誤解や混乱が生じています。「サロン」ではなく「カフェ」とした意味をもう一度考えてみましょう。近年、「カフェ」と名のつく集まりが、さまざまな分野で展開されています。例えば、「哲学カフェ」や「サイエンスカフェ」、リサイクルを目的とした「リペアカフェ」「ビズカフェ（ビジネスカフェ）」、就労支援のための「ジョブカフェ」、そして「ワールドカフェ」など（コラム参照）。

これらの集まりの目的はそれぞれ異なりますが、共通してカフェの「文化的側面」に期待しているという特徴があります（図参照）。つまり、地域や社会における自然な浸透を企てているのです。いずれのカフェも、オープンでリラックスできる空間を整え、この場では社会や地域、家庭での役割を一旦、脇に置いて学び合い、オープンな関係で対話を深めることから新たな発想を促進させるという、カフェの持つ創発性に期待を寄せています。

「認知症カフェ」も実は同じ背景から生まれています。「介護される人と介護する人」「支えられる人と支える人」といった役割を外し、オープンな空間や時間を作り出すことが大切なのです。その結果「ゆるやかに学ぶこと」や「認知症の人にやさしい地域づくり」が自然に浸透していくのではないでしょうか。コーヒーや音楽はそれを促進させる仕掛けともいえます。

図 ● 「カフェ」が生み出す共通の雰囲気

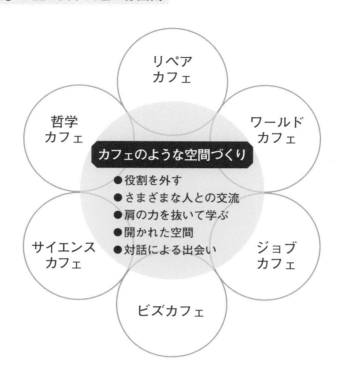

> コラム　さまざまな「カフェ」

　「認知症カフェ」という名称について、「地域の人の理解が得られるかどうか不安なので使用しない」という声を聞くことがあります。それは、地域住民の認知症に対する偏見と、「まだ私は認知症ではないから参加できない」という誤解を生んでしまうという不安から発せられる場合が多いようです。

　このような混乱を招いている原因の1つは、認知症とカフェが一体になった「認知症カフェ」という言葉に対するなじみの薄さにあるような気がしています。そもそも「認知症カフェとは何か」を考えるうえで、さまざまな「カフェ」の例を見てみましょう。

■哲学カフェ

　1992年フランス・パリのバスティーユ広場にある「カフェ・デ・ファール」にて哲学者マルク・ソーテの進行で始まったとされています。最初のテーマは「暴力は人間に固有のものなのか」というものだったそうです。哲学カフェには、大学生、教員、会社員など誰でも参加できて、「**自由に意見交換をするが結論は求めない2時間程度の集まり**」です。日本でも都市部を中心に開催されています。

目的は「日常で気軽に哲学すること」。

■サイエンスカフェ

　1997年から1998年にかけてフランスやイギリスで科学者たちによって始まった活動で、一般の市民にも科学に親しんでもらおうという試みで始まりました。「**リラックスして身近な話題で科学を楽しむために、専門家がわかりやすく参加者と対等な立場で科学の話題を提供し、参加者同士での議論を促進**」します。図書館、市民センター、実際のカフェなどで開催し、できるだけ敷居を下げる工夫をします。

■リペアカフェ

　2010年からオランダを発祥として世界各地で広がっています。電化製品や家具、おもちゃなどを地域の中で楽しみながら修理しようというものです。一見するとカフェ的な要素が見えにくいのですが、「**修理は持込み者と一緒に行い、修理を通して会話を楽しむこと、消費社会への問題提起、これらに対する理解や関心を高めること**」を目的としていて、この敷居の低さから対価を超えたつながりができます。

■ビズカフェ（ビジネスカフェ）

　アメリカのシリコンバレーで発祥した活動です。起業や新規事業の開拓、事業の拡大などを目指して、多職種や多事業所の人が集まり「**気楽な雰囲気の中で、情報交換をすること**」を目的に開催されています。

■ジョブカフェ

　「若年者就業支援センター」の通称で、若者の就職支援を一括して行う機関です。設置主体は都道府県で、フォーマルなサービスと言えます。利用の際の敷居を下げるために「**カフェという言葉を用いて、入りやすいように**」配慮された名称です。

■ワールドカフェ

　情報交換やグループワークの手法のことです。通常の討議ではなく、同じテーマで3、4回、メンバーを変えながら対話を重ねます。その際、内容をまとめる、発表するなどの堅苦しい要素を取り払い、「**できるだけ自由な立場で意見を出し合う**」ことを目指す方法です。「**飲み物やお菓子、BGMを用いてカフェのような雰囲気を演出し会話を促進させる**」ことにつながります。

## 2 認知症カフェの施策

### 認知症カフェの推進

　日本において、認知症カフェを後押しする施策は、2012（平成24）年の「認知症施策推進5か年戦略（オレンジプラン）」によるものが最初です。その後2013（平成25）年にイギリス・ロンドンで「G8認知症サミット」が開催され、認知症問題に共に取り組む「宣言」ならびに「共同声明」が合意されました。サミットでは認知症は世界的共通課題であることが確認され、2014年（平成26）には後継イベントを日本で開催することが決まりました。

　後継イベントで安倍晋三首相は、「私は本日ここで、我が国の認知症施策を加速するための新たな戦略を策定するよう、厚生労働大臣に指示をいたします。我が国では、2012年に認知症施策推進5か年計画を策定し、医療・介護等の基盤整備を進めてきましたが、新たな戦略は、厚生労働省だけでなく、政府一丸となって生活全体を支えるよう取り組むものとします」と述べました。それを受けた厚生労働大臣は、「新たな戦略の策定に当たっての基本的な考え方」として、① 早期診断・早期対応とともに、医療・介護サービスが有機的に連携し、認知症の容態に応じて切れ目なく提供できる循環型のシステムを構築すること、② 認知症高齢者等にやさしい地域づくりに向けて、省庁横断的な総合的な戦略とすること、③ 認知症の人やその家族の視点に立った施策を推進することの3点を軸に、翌2015（平成27）年「認知症施策推進総合戦略（新オレンジプラン）」を発表し、この中で「認知症カフェ」を介護家族の負担軽減のための1つの柱として位置づけました。そして、推進の柱となる人材を「認知症地域支援推進員」として2018（平成30）年までにすべての市町村に配置するよう目標を掲げました。これによって、日本の認知症カフェの位置づけや設置を推進する人材が明確化されたといえます。

### 目的と対象者像

　「新オレンジプラン」では、認知症カフェは、「認知症の人の介護者の負担を軽減するため、認知症初期集中支援チーム等による早期診断・早期対応を行う

ほか、認知症の人やその家族が、地域の人や専門家と相互に情報を共有し、お互いを理解し合う認知症カフェ等の設置を推進する」と記述されました。つまり、対象者は、①認知症の人、②介護家族、③地域住民、④専門職の4者が中心であると読み取ることができます。

## 「新オレンジプラン」と現場の取り組み

　「新オレンジプラン」によると、①認知症の人を介護する家族の介護負担軽減が認知症カフェの1つの目的であること、②認知症の人、介護家族、地域住民、専門職の4者が認知症カフェの対象者であることが読み取れます。一方で、認知症カフェの明確な指針や主催者、具体的な内容などは示されていません。

　介護負担の軽減ということが主な目的だとすれば、地域の人、専門職、本人の参加はどのような意味を持つのかを理解しておかなければ、何をすればよいのか戸惑ってしまいます。すでに認知症カフェを運営している人や開催を予定している人に話を聞くと、常に「本当にこれでよいのだろうか」という不安があることがわかります。また、現在は「どのような内容・方法でもよい」とされているところも多く、それぞれの認知症カフェによって内容が異なっているという状況です。

　いまは「日本型認知症カフェ」を模索している状況であり、いろいろなアイデアでその地域にあった認知症カフェを作りあげていく時期でもあるため、決して悪いことではありませんが、実際に参加する人や運営する側にとっては明確な指針がない今の状況がよいとはいえません。ボランティアで自分の時間をつかって認知症カフェを運営している人は、いずれ疲弊してしまうのではないでしょうか。また、参加者にとっても、同じ「認知症カフェ」でも行く場所によって内容が違うということでは混乱してしまいます。「認知症カフェ」という耳慣れない名称であることも含め、地域の人の理解は深まるどころか理解が得られなくなってしまうことも考えられます。

　認知症カフェ発祥の国であるオランダの認知症カフェの目的、日本より少し先を行くイギリスの認知症カフェの目的については後述（P29参照）しますが、それらを参考にしつつ、日本の認知症カフェの目的を整理していく必要があるように思います。

# 3 認知症カフェに期待される効果

「認知症カフェ」には、次のような効果が期待されています。

## 若年性認知症の支援

　若年性認知症は、18歳以上65歳未満で発症した認知症のことです。就労や子育てなどを行っている時期に認知症になることで、仕事にも家庭生活にも大きな影響を及ぼします。また、若年性認知症そのものの理解が進んでいないために、認知症であることが本人や家族だけでなく周囲にも理解されにくいこともあり、大きな戸惑いを生じさせます。さらに、現在の認知症に関する支援制度は高齢者を対象としたものがほとんどであるため、利用できるサービスも限られています。情報を得ることすら難しいのが現状です。

　認知症は初期であれば自覚もあり、記憶も保たれていることが多いため、理解者による精神的ケアが重要であるとされています。同様に家族の不安感も計り知れないものがあり、若年性認知症の家族支援は本人支援と同様に大切です。認知症カフェは、このような人々の居場所として活用され、情報提供の場、理解者や友人づくりの場として機能することが期待されています。

## 認知症の早期支援体制づくり

　認知症には、早期に診断を受けることで治療可能な認知症もあること、また初期からケアマネジャー（介護支援専門員）などがかかわり、その人の経済的状態や家族構成、症状にあったサービスを利用することで安定した生活を継続することが可能になります。一方で、認知症が進行してからでは、それらは難しくなってきます。現状では認知症がかなり進行してからサービスにつながることが多いのですが、その背景には、認知症という病気自体を周囲が理解していなかったり、周囲の偏見により、本人や家族がそれを認めようとしなかったりすることもあります。また、認知症に関する情報を得ようとしても、病院、施設、地域包括支援センター、行政窓口など、相談先がさまざまあり、包括的な情報を得るためにどこに行けばよいのかよくわからないということもあるようです。

認知症カフェには、地域社会への認知症という病気に対する教育的効果も期待できますし、認知症の人とのかかわり方を学んだり、家族の負担軽減につながることも期待できます。さらに、認知症カフェにはさまざまな専門職が集まるので、その場で関係者で検討することも期待できます。

> **コラム** 認知症ケアパスと認知症カフェ
>
> 日本では、認知症ケアパスづくりが各市町村で行われています。認知症ケアパスとは、認知症の人や家族、地域の人が、「認知症になった場合に、どこでどのようなサービスを受けることができるのか」がわかるように、具体的な機関名やケア内容などを一覧にしたものです。認知症の人の生活機能障害の進行にあわせて、いつ、どこで、どのような医療・介護サービスを受けることができるのかがまとめられています。この認知症ケアパスづくりをしていると、若年性認知症の人や初期の認知症の人、グレーゾーンにあたる軽度認知障害（MCI）の人が利用できるサービスがきわめて少ないことに気がつきます。この例からも認知症カフェは各市町村にはなくてはならないサービスであると言えます。

## 介護家族の社会的孤立の防止

認知症は、本人だけでなく家族全体の病であるといわれています。在宅での認知症介護によって家族全体が崩壊したり、介護している家族が精神的な病気を患ったりすることもあります。介護者の「うつ」や自殺の問題もあります。日本における介護・看護を理由にした自殺は、理由が明らかになっているだけでも、年間300件に上ります（警視庁調べ）。この現状から見えるのは、介護者の地域社会からの孤立です。

介護をするために離職せざるを得ない人、いわゆる「介護離職」は年間10万人を超えています。なかでも親を介護する世代の「50歳代・男性」の離職が増加しており、経済的な問題とともに地域社会からの孤立が問題となっています。孤立した介護者は十分な情報を得る機会も、仲間をつくる余裕もなく介護に没頭していきます。既存の「家族の会」は、どうしても女性が中心で男性は少ない傾向にもありますが、認知症カフェにはこうした男性介護者も含めた社会的孤立を防止する効果も期待できます。

### 高齢者虐待の未然防止

　2006（平成18）年から始まった「高齢者虐待防止法に基づく対応状況等に関する調査結果」によると、高齢者の介護をしている家族等から、年間約2万5000件もの相談・通報があり、うち約1万5000件以上が虐待と認定されています。高齢者虐待は、問題であることは認識されていますが、件数はここ数年減っていません。しかもこうした現状にありながらも介護家族を直接支援するサービスは整備されていないため、高齢者虐待が減少する要素は見当たりません。

　海外では、介護者支援法が整備されている国もありますが、日本の介護保険は要介護者本人のための制度であるため、家族などの介護者への支援は行き届いていない状況が考えられます。欧米諸外国に比べて在宅での同居率が高い日本においては、家族支援策は十分とは言えず、現状ではインフォーマルなサービスに頼らざるを得ません。認知症カフェは、介護保険事業所に勤務する専門職が展開する、1つの家族支援の形として有効に機能することが期待されています。

## 4 認知症カフェのタイプ

　一口に「認知症カフェ」と言っても、そのカタチには違いがあります。日本では、主にオランダで展開されている「オープンな認知症カフェ（オランダ型）」と、主にイギリスで展開されている「本人・家族の認知症カフェ（イギリス型）」と「その他のタイプ」に分けることができます。この分類は認知症カフェを企画・運営するうえでとても重要です。それぞれのタイプ別に特徴を整理してみました（図参照）。それぞれのメリット・デメリットを含めて、対象者や目的、効果の違いを考えていきましょう。

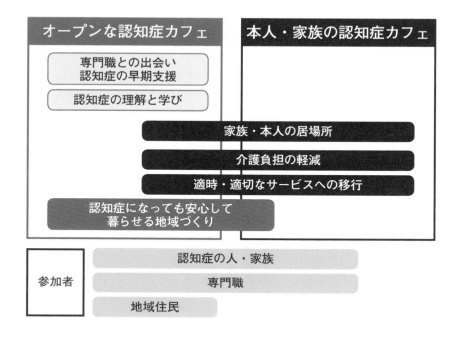

図　認知症カフェの目的による分類（2016年 現在）

## オープンな認知症カフェ（オランダ型）

　「オープンな認知症カフェ」は、誰もが参加できて、認知症のことをリラックスして学び、認知症について社会で受容していくことを目指すうえで有効なタイプです。オランダではすべて「オープンな認知症カフェ」のプログラムが展開されていて、初期の認知症の人と家族も参加しています。オランダの認知症カフェでは、日本の「認知症サポーター」のように単発で学ぶのではなく、一定のプログラムの中で常に認知症について学ぶことができます。また、安定した内容で開催されるため参加する側には安心感があります。また、さまざまな専門職が参加するため、一度にいろいろな相談を受けることも可能です。「オープンな認知症カフェ」は、認知症の人や家族が地域の中で孤立することを防ぐ効果もあります。

◆ メリットとデメリット

　いくつかの団体・法人による共同運営が可能で、地域の団体との「協同」に

より場所や人材の確保が可能です。また、地域への啓発や認知症の社会受容を目指すうえで効果的です。一方で、認知症の人が落ち着いて過ごすことのできる環境をつくることが難しくなる場合があります。また、参加者の関心が「認知症の予防」に集中し、当事者が参加しにくくなる可能性もあります。

## ◆ 対象者

| | |
|---|---|
| ● 認知症の人 | 比較的軽度で、認知症の診断は受けているが介護サービスを利用する必要がない人、介護保険サービスを利用する必要があるがサービスに行きたがらない、またはサービスが合わなかった人、サービスを利用しているが認知症カフェに出かけてリラックスしたい人　など |
| ● 介護家族 | 認知症ケアの情報を得たい人、家族の会などの雰囲気になじめない人、同じ介護家族による精神的サポートを望む人、地域の理解がなく困っている人、受け入れられる環境でリラックスしたい人　など |
| ● 専門職 | 地域包括支援センターや介護サービス事業所に勤務していて、認知症カフェに関心のある人、認知症の情報や知識を得たい人、本人や家族の支援に関する情報を得たい人　など |
| ● 地域住民 | 認知症や認知症ケアについて情報を得たい人、地域の認知症の人や家族を支援したい人、町内会や民生委員などの役割を担っていて地域づくりに関心のある人　など |

## ◆ 主催者

　同じ地域の社会福祉法人やNPO法人、介護サービス事業所、町内会、地区社会福祉協議会、地域包括支援センターなどで協同し、企画・運営する　など

## ◆ 主な目的

### ① 専門職との出会いと自然な関係づくり（出会いの場）

　在宅で生活している初期の認知症の人は、身体的介護は必要ない人がほとんどです。日常生活の中で不便な点はありますが、何かしら工夫をすることでこれまでの生活を続けることができます。また、働き盛りの若年期に認知症を発症した人の中には、仕事を続けている人もいます。このような初期の認知症の

人は、この段階では適切な支援やサービスにつながりにくい状況にあります。また、社会生活や地域生活が制限され認知症の進行を促進させてしまうことも考えられます。

　そこで早期にカフェのような雰囲気の中で気軽に地域の専門職と出会い、必要な情報や支援が本人や家族に届くことによって、安定した在宅生活を継続できることを目指します。

② **認知症の理解と学び（ゆるやかな学びの場）**
　認知症の人、介護家族、地域住民、専門職それぞれにとって学びの意味は異なります。認知症の人の中には、自分自身が認知症であることを受け入れたくない人もいます。認知症という病気の恐怖と戦っている人もいます。また、認知症を受け入れて工夫しながら前向きに生活している人もいます。認知症の人同士の出会いや自分自身の病気を理解する機会は、喜びや安心感にもつながります。

"私は、自分に下された診断についてあらゆる情報を受け取ることができました。そして、私がかかったレビー小体型認知症というものがどういうものかわかりました。私は、リーフレットを全部いただいたので、その発行元へ電話をすることもできます。本当に役に立っています。"

——————　認知症の人（オランダの認知症カフェ参加者）

　介護家族は認知症カフェに参加することで、精神的サポートを得ることができます。家族同士の語り合いは、普段、なかなか言えないことを話す機会になり、またそれを共感できる仲間と出会い、「自分はひとりではない」と気づくことができます。また、地域に関心を持っている人がいるとわかることで、地域から孤立することなく、介護を続ける勇気を得ることができます。

　地域住民は、認知症のことを理解したい、認知症の人や家族が地域で孤立しないために何かしたいと思っている人が参加しています。認知症について知識を身につけることで、近隣に住む認知症の人や家族への支援方法を学ぶことができます。また、専門職との出会いがボランティア活動のきっかけになることもあります。

　専門職は、認知症の人や家族と一緒に学ぶことで、その人たちが求めている

情報は何かを把握することができます。さらに、介護サービス事業所に勤める職員は、ある程度進行した認知症の人と接する機会が多いですが、認知症カフェでは、初期の認知症の人や介護者の思いを聞くことができます。

**③ 認知症になっても安心して暮らせる地域づくり（地域連携の場）**
　初期の認知症の人は、さまざまなことができなくなっていくことを自覚している人がほとんどです。それを全く気にしていない人もいますが、多くの人は悩み、ふさぎ込み、家の中でイライラしています。そして自信を失い、笑顔をなくしていくことがあります。地域の人との交流もうまくいかなくなり自宅に閉じこもり、外出の機会が減少していく人もいます。認知症カフェで、地域の理解のある人や専門職に出会うことは、認知症の進行を抑制したり、外出の機会を増やし、身体的な健康状態を維持することにも役立ちます。

>　"ここに来ることは好きですし、そんな中で、あることに気づいたんです。ここに来ることが好きな理由は、私たちは、【笑う】ことをしますし、ここに来るまでは、【笑う】ことなんて考えたこともなかったということも話します。他の場所では、おそらく話しませんね。それよりも、一体どこで、そんな話ができますか？"
>
>　　　　　　　　　　　　　　　　　　　　　認知症の人（オランダの認知症カフェ参加者）

　介護家族が認知症の人と一緒に外出する場合、これまでは、病院や買い物など、行き先やかかわる相手が限られてしまう傾向がありました。そして不当に負い目を感じていました。「オープンな認知症カフェ」には、地域の人や専門職、同じ境遇の家族や本人も参加しています。認知症カフェに参加することで、外出する場所が増え、地域の人との交流を再構築するきっかけになることもあります。さらに、地域の人との交流は、社会的孤立の防止にも有効です。
　地域住民の多くは、認知症は誰でもなり得る病気であることはすでに知っています。認知症カフェに参加することで、「自分自身が認知症になったらどうなるのだろう」という思いをオープンに話し合い、不安を解消することにつながるでしょう。また、町内会の役員や民生委員の人たちは、自分の住む地域のために何かをしたいという思いを持っています。認知症カフェに参加することで、より認知症に対する意識を高め、認知症になってもひとりの地域住民として尊

重される地域づくりに貢献することができるでしょう。

地域包括ケアのもと、介護サービス事業所がどのように地域に貢献できるかが試されてもいます。認知症カフェは、こうした地域の介護サービス事業所が無理なく自然に地域づくりに参画していくためのツールとしても有効だと言えます。

## 本人・家族の認知症カフェ（イギリス型）

「本人・家族の認知症カフェ」は、認知症の人と家族がともに参加し、時や場所を共有することで、「地域の中に安全地帯がある」という安心感が生まれます。そこに専門職が加わることで家族は「介護者」としての役割から解放されたり、ストレスの解消につながったりします。また、必要な情報と支援、助言を提供することで在宅介護の継続につなげる役割も果たします。

### ◆ メリットとデメリット

「本人・家族の認知症カフェ」は、当事者が思いを語りやすい環境をつくり、認知症の人が自分を見つめ、受け入れていくうえで役立ちます。一方で、家族交流会や介護者交流会との違いを見出せなくなることがあります。また、1つの法人や事業所だけで開催すると、参加する専門職が限られてしまうため、デイサービスの補完的機能としての位置づけになってしまう可能性があります。さらに、地域の中で開催されているにもかかわらず、地域の変容を促すことが難しい側面もあります。

### ◆ 対象者

| | |
|---|---|
| ● **認知症の人** | 比較的軽度で、認知症の診断は受けているが介護サービスを利用する必要がない人、介護サービスを利用する必要があるがサービスに行きたがらない人、またはサービスが合わなかった人、介護サービスを利用しているが認知症カフェに出かけてリラックスしたい人　など |
| ● **介護家族** | 認知症ケアの情報を得たい人、家族の会などの雰囲気になじめない人、自分と同じ介護家族による精神的サポートを望む人、すでに介護サービスを利用しているが認知症が進んできてサービスの選択に悩んでいる人、地域の理解がなく困って |

| | |
|---|---|
| | いる人、受け入れられる環境でリラックスしたい人　など |
| ●専門職 | 通所介護や訪問介護サービスの従事者であり、認知症カフェの主催者に参加が認められた人、認知症カフェの主旨を理解している人　など |

## ◆主催者

社会福祉法人や医療法人などが単独で実施、家族の会などの当事者団体がその延長線上で実施する　など

## ◆主な目的

### ① 本人・家族の居場所

　身体的介護が必要ではない初期の認知症の人は、次第に「居場所」が失われていく可能性があります。自分自身でも症状を自覚しており、外出しても自宅に戻れなくなったり、外出先で声をかけられても相手が誰だかわからなかったりします。自動車の運転も難しく、移動手段がなくなる人もいます。軽度であれば、利用する介護サービスもありません。地域の集まりに参加しても、「知らない人」「知らないこと」「わからないこと」が多くなり、次第に外出できなくなります。仮にデイサービスなどを利用しても、プログラムや周囲の人と合わず、参加しなくなってしまう人もいます。

　認知症の人同士の語らいは、共に歩む仲間をつくり、できることをお互いに感じられる経験になります。誰にも言えない不安感や思いを共有することは、自尊心や自信を回復し、失いかけた誇りを取り戻すことにつながる可能性があります。

"私たちの誰もが、自分の心の中に留めている思いがあると思います。こうしたことを話し合ったことはありません。自分ではコントロール出来ない症状に悩まされることもあります。こうした場で、自分を悩ませている症状について打ち明ければ、他の誰かがそのことについて何か言ってくれるかもしれません。おそらくそうした話の中に、興味深いことや何か役立つヒントを見つけられるかもしれないと期待します。"

—————————————————— 認知症の人（イギリスの認知症カフェ参加者）

## ② 介護家族の負担軽減

　初期の認知症の人の家族は、常に本人と一緒に過ごすことになります。認知症の人は、自分のペースでいつも同じスケジュールで行動しなければ混乱してしまうことがあります。家族は支えることに集中しすぎてしまい、自分の時間を犠牲にして、息抜きすらできずに精神的に疲弊します。認知症カフェは、自分の代わりに認知症の人を支えてくれる場所になります。いつもと違う気持ちで出かけられる場所になることでしょう。また、認知症の人の普段とは違う一面を見ることもでき、介護家族のかかわりも変わってくることが期待できます。

　"認知症カフェは私にとっても「出かけていくことができる場」なんです。この地域で私は異邦人のようなもので、誰一人知り合いがいません。そこで、夫を連れてここに来るようになりました。もしここがなければ、退屈な毎日を過ごしていたと思います。夫は今では、毎日でも出かけたがります。"

―――――――――――――――― 介護家族（イギリスの認知症カフェ参加者）

## ③ 適切なタイミングで適切なサービスへの移行

　参加者は初期の認知症の人とその家族であり、将来に対する不安が募っています。認知症カフェには、認知症の人が複数集まっていて、参加者の病気の進行状況もさまざまであり、だれかしら将来的に必要な支援や困難を乗り越える工夫を知っています。つらい体験もたくさんしていますが、共感できる仲間として共に歩み励ましあうことができます。これは家族も同様です。困ったときに、どのようなサービスを使えばよいのか、どのような専門職に相談すればよいのかなど、情報交換することができます。また、このタイプの認知症カフェは専門職が運営に携わっているので、参加者の少しの変化に気づき、適切なタイミングで、適切なサービスや助言を受けることができます。

## その他のタイプ

### ① コミュニティカフェタイプ

　コミュニティカフェのように、毎日もしくは、週に3日など頻繁に開催している場所もあります。時間も通常の認知症カフェは2〜3時間程度ですが、このタイプの認知症カフェは、朝から夕方まで長時間にわたり開いています。また、

有料で食事をすることもできて、「いつ来ても、何時間いてもよい」という場所が多いようです。もちろん誰が来てもよいということになっています。職員の負担は大きくなりますが、認知症の人や家族の居場所として有効に活用されている事例もあります。

● メリットとデメリット ●

介護は365日続くため、「いつでも行ける場所」として開放されていると時間を気にせずに、自分の都合で参加できます。また、地域の居場所として容易に利用できます。一方、食事や送迎などのサービスがあることで、認知症カフェが初期の認知症の人の「認可外のデイサービス」のようになることが懸念されます。他のサービスとの連携を図り、専門的なケアに結びつけること、そして介護家族の経済的負担なども考慮する必要があります。

② **本人の役割づくりとしての認知症カフェ**

準備から運営まで認知症の人が参画するタイプの認知症カフェもあります。コーヒーを淹れたり、パンを焼いたり、おもてなしをしたりするのです。「認知症の人が運営に携わるカフェ」という意味の「認知症カフェ」です。

デイサービスや小規模多機能型サービス、グループホームなどを利用する人が、自分の役割として職員や家族と共にいきいきと働き、やりがいを感じながら作業をすることで、社会的な役割を得る活動として有効です。「人の役に立ち、感謝された」という経験は生きる糧になり、家族や職員がその人の今できること、もっとできることを発見する機会にもなります。すでに日本でも、いくつかの地域で実際に行われている活動でもあります。

● メリットとデメリット ●

本人の役割の創出につながり、家族や職員とのコミュニケーションの場にもなるという効果があります。また、ケアの質の向上の一環として位置づけることも可能です。カフェ運営という新たな役割を日常のケアの中での行事や日課として位置づけることは、有益な時間を生み出し、目標とすることもできます。

一方、認知症カフェを開く場所や経費の問題があります。既存のカフェで厨房を借りることは難しいでしょうし、介護施設の中では地域の人が訪れることが難しくなります。そのため、場所については十分に検討する必要があります。認知症カフェでは、地域とのつながりが大切な要素です。参加した本人にとってどのような場所となっているのか、どのような思いを抱いているのかを常に

評価し、職員主体の活動にならないように配慮が必要です。

### ③ 専門職のいない有志による認知症カフェ

　介護家族や元介護家族などが集まり、居場所づくりをしている認知症カフェもあります。こうした認知症カフェは、従来からあった「介護者交流会」に認知症の人も参加し、認知症カフェとしてリニューアルしているところも多いようです。また、NPOなどが主催する場合もあります。特にプログラムを設けず、その時間を一緒に楽しむというところが多いようです。

● メリットとデメリット ●

　介護家族同士が運営するので、気楽に開設することができます。また、自宅や公民館などで行われることが多く、開設にあまり労力は必要ではありません。気の合う仲間が多く、小さな単位で行われているために、なじみの関係がつくりやすいというメリットもあります。一方で、専門職がかかわらない場合には、早期の専門的な支援に結びつかないことが考えられます。また、第三者が参加しにくく、限られた人の集まりになり、地域への啓発的な意味合いは薄くなるという特徴もあります。

## タイプ別の認知症カフェの役割

　認知症カフェの目的を明確にするために、「オープンな認知症カフェ」「本人・家族の認知症カフェ」に加え、日本の認知症カフェの源流ともいえる「家族の会」を加えてそれぞれの役割を説明していきましょう。この3つは、どれも地域に必要であり、それぞれの目的や役割を理解し、うまく活用することが大切です。役割が明確になっていなければ、行き場をもとめている認知症の人や介護家族が困惑し、再びさまよってしまうことになります。

　介護サービス全体のなかでの認知症カフェの位置づけを図で示してみました（図参照）。認知症カフェは、「オープンな認知症カフェ」と「本人・家族の認知症カフェ」に分けました。認知症の重症度や身体的な介護度が高くなるほど、介護保険サービスの必要性は高まり、居場所となる場の選択肢も増えていきます。認知症の初期であったり、若年期では介護保険サービスの必要度は低いですが、居場所は少なく、仮に介護保険サービスを利用しても本人がその雰囲気になじめず、行きたがらない場合も多いという現状があります。また、この時期には、認

知症という目に見えない病気に対して家族の混乱も増す時期です。

　そのため「オープンな認知症カフェ」は、サービスにつながる前もしくは初期の認知症の人に対するややインフォーマルよりのサービス、「本人・家族の認知症カフェ」は認知症であることを受け入れられた人に対するややフォーマルよりのサービスとして位置づけられるのではないでしょうか。どちらのタイプがよいということではなく、適切なタイミングで適切なサービスにつながるために「どちらも必要」なものとして有機的な関係であるといえます。また、家族会についても同様のことが言えるでしょう。

図　認知症カフェの位置づけ

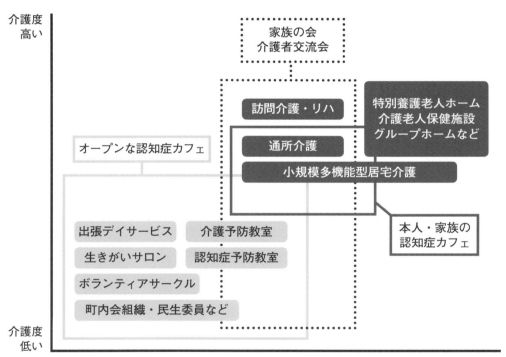

◆ **オープンな認知症カフェ**

　地域には、さまざまなサークル、高齢者のサロン、町内会などの自助もしくは共助の団体がいくつもあります。「オープンな認知症カフェ」は、それらに参加している人や介護保険サービスの利用に至らない人も含んでいます。「オープンな認知症カフェ」は、地域全体を網羅するような役割があると言えます。住民への地域社会活動への参加を促し、地域全体を変えていく役割も期待できます。

◆ **本人・家族の認知症カフェ**

　すでに介護サービスを利用している人でも、認知症の初期であれば、多くの場合、不安や孤独を感じています。また、まだサービスの利用に至っていない認知症の人や介護家族にとって「本人・家族の認知症カフェ」の存在は、無理なく参加することができ、また認知症ケアで最も大切な初期の支援につながる場にもなります。初期の支援を受けることにより、家族関係の改善や今後の不安感を取り除くことにも役立ちます。認知症の人にとっては、同じ境遇の友人や専門職の友人を得る場にもなります。施設などで出会う専門職とは「支援する人と支援される人」という関係性になりますが、ここではあくまで対等な友人として出会うことができます。

◆ **家族の会**

　家族の会や介護者交流会は、在宅介護を担う介護家族が集い、介護の辛さやどうしようもない心の声を吐き出し、同じ立場の人からの助言や経験談を聞くことで精神的なケアを受けることができる貴重な場です。本人がその場にいないからこそ言えることもあります。介護家族の「安全地帯」として、理解し合える場としてなくてはならない、かけがえのない場です。

# 5 認知症カフェがめざす方向

　認知症カフェには、「オープンな認知症カフェ（オランダ型）」や「本人・家族の認知症カフェ（イギリス型）」など、いくつかのタイプがあり、それぞれのメリットとデメリットといえるものがあることを紹介しました。また、家族の会なども含めた地域の中での多様な役割について考えてみました。では、日本の認知症カフェは、今後、どのような方向をめざしていけばよいのでしょうか。

　日本で認知症カフェが紹介されてからまだ日が浅く、今は黎明期といってもよい時期でしょう。発祥の国オランダや、先行しているイギリスの事例はいくつか紹介されてはいますが、情報が十分ではないため、認知症カフェをすでに開催している人も、手探りで運営しているような状況です。オランダのように「目的や方法を明確にすべき」という声と、イギリスのように「実施者の裁量に任せるべき」という2つの意見があることも事実です。

　右ページの図のAは、イギリスの現状に近いものと考えています。認知症カフェの目的や役割を明確に定めないことで、許容範囲（自由度）が拡大しています。この場合、よい点としては、自由な雰囲気であり、誰でも包み込む寛容さが求められるため、制約が少ない点です。一方で自由であるがゆえに目的を見失いかけている認知症カフェもあり、地域やその認知症カフェによってサービスの内容が異なってきてしまうという点があります。イギリスではこうした傾向が見受けられます。

　図のいちばん右のCのように、目的や役割を明確にすることは、参加者や運営スタッフにとって安心できることですが、許容範囲（自由度）は狭くなります。介護サービスのように基準を設けて実施する場合には、このように許容範囲はほとんどなくなるでしょう。オランダはこのスタイルです。この場合、認知症カフェが定型的なサービスになり、窮屈さを感じる人もでてくるかもしれません。そうは言っても、オランダではこの制約の中でとても上手に展開しています。

　図の真ん中のBはAとCの中間になります。日本が目指すべき認知症カフェはこのくらいの中庸さが必要なのではないかと思います。自由度が大きすぎず、また規制し過ぎない日本独自の形式です。今はどちらかというと図のA寄りの状況ですが、運営する側も目指すべき方向性が見えずに苦しんでいるところが多いのです。

日本は外国の文化を独自の文化に変えていくことに非常に長けています。例えばクリスマスやハロウィンなど、外国の文化を独自の楽しみ方にアレンジして取り入れる柔軟さは他の国では見られません。また、それらはすぐに「日本の文化」として定着していきます。

認知症ケアでは、いわゆる無届けの介護ハウスのように必要に応じて新しいサービスが誕生するものの、その「基準」が設けられないことで、事故やケアの質の低下などのリスクも考えられます。これは利用者にとっても運営する側にとっても不幸です。すでにいくつかの地域では、認知症カフェを登録制にしたり、助成を行う動きも出てきています。登録制にすることで、セミ・インフォーマルな資源として活用可能になり、何よりも利用する人が安心し、目的に応じて利用することができるようになります。その際に気をつけたいのは、図のBのようにある程度の自由度を設けることでしょう。

目指すべきものがなければ、認知症カフェは無責任に増えるだけで内容が見えなくなります。明確な目的と方法が示されることで「少し外れるが許容」することもできるのです。この許容範囲（自由度）の考え方は、各都道府県や市町村自治体の独自性を発揮できるところではないでしょうか。

**図　日本の認知症カフェがめざす方向**

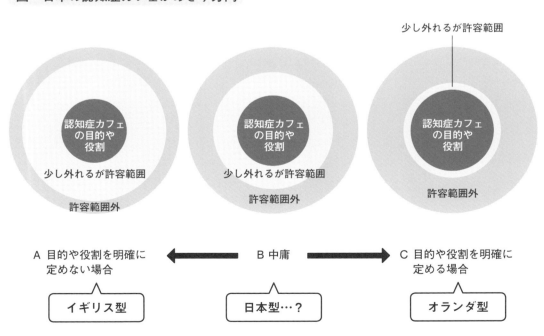

# 6 改めて「認知症カフェ」とは？

## 認知症カフェの基本的な考え方

　認知症カフェは、介護を行うところではありません。認知症カフェは、訪れる人それぞれの日々の生活に、仕事に、介護に潤いをもたらす場であり、その地域に住む人にとって「必要な場所」となることが重要です。

　これまで、自宅で暮らす認知症の人には、自宅やデイサービスなどのほかに居場所がありませんでした。また仕事をしながら介護をしている人には、家庭と職場しかありませんでした。認知症の人と家族にとって、今いる自宅が落ち着ける場所であり続けるためには、自宅や職場以外に、もう1つ、自分自身を取り戻すことのできる場所（第三の場所）が必要であり、それが認知症カフェという場だと言えます。

　一方、専門職の人にとって認知症カフェは、専門職としての役割を外して、ひとりの地域住民として「認知症」という話題を介して交流する場所になります。

　認知症カフェは、明確な何かを与えたり、与えられたりする場所ではありません。認知症カフェは生活の場でもなく、単なる居場所でもありません。自宅でも職場でも、デイサービスやデイケアでもなく、認知症カフェはそれらを含んだ人生に潤いや彩りをもたらすために必要な1つのエッセンスということができるでしょう。

　筆者自身、実際に認知症カフェを運営しながら、国内外の認知症カフェを見ていくなかで、認知症カフェのタイプや国や文化を超えて、共通の意義と役割があることに気がつきました。これは、すべての認知症カフェが目指すべき指針ともいえるものではないかと考えています。

　右ページの表に、「認知症カフェの意義と役割」「認知症カフェに参加する人の利益」「認知症カフェの企画・運営者の役割」の点からまとめてみました。

表　認知症カフェの基本的な考え方

| 認知症カフェの意義と役割 | ①特別な時間を演出する<br>②参加する人を平等にする<br>③会話が深まる<br>④中立な場所と環境を提供する<br>⑤楽しめる<br>⑥地域の財産として育まれる |
|---|---|
| 認知症カフェに参加する人の利益 | ①認知症の人、介護家族、地域住民、専門職すべての人の居場所になる<br>②地域全体の認知症の理解につながる<br>③役割や役職に関係なく新しい仲間ができる<br>④認知症の早期支援につながる<br>⑤これまでサービスにつながらなかった人がサービスにつながる |
| 認知症カフェの企画・運営者の役割 | ①安全で安心できる場と時間を保証する<br>　責められない、争わない、虐げられない、比較されない安全で安心できる雰囲気をつくる<br>②中立と平等な関係を保証する<br>　「支援される人と支援する人」という役割の撤廃、地域の役職、職場の役職などの放棄を前提とした時間と場所をつくる<br>③敷居の低さを保障する<br>　予約や名簿管理をなくし、認知症の有無にかかわらず参加でき、自由な座席など、遠慮なく入れるための工夫を惜しまない<br>④新たな時間・空間を提供する<br>　老人クラブやデイサービス、サロンでもない、新しく、楽しめる空間や時間づくりを行う<br>⑤デイサービスやデイケアにしない<br>　リハビリテーションや健康づくりなどのプログラムを行うことを目的とはせず、会話を通した仲間づくりや認知症の理解につなげるような工夫を惜しまない<br>⑥家族のレスパイトサービスだけにしない<br>　家族や関係者、地域住民、専門職が一緒に過ごす空間をつくり、家族のためのレスパイトサービスにならないように心がける<br>⑦常連の参加者をつくり、つなげる<br>　常連の参加者がいることはその場の雰囲気をつくることに役立ち安心感を与える。ただし、常連の参加者中心ではなく、協力者として受け入れるように心がける |

## 認知症カフェの企画・運営の基本

認知症カフェを企画・運営していくためには、目的や対象者、場所、時間などの「基礎」部分、時間の使い方などの「プロセス」、当日の運営方法などの「ファシリテーション」、ミニ講話を行う場合の講師やBGMの曲目などの「コンテンツ」を検討していく必要があります。

図 ● 認知症カフェの企画・運営の基本

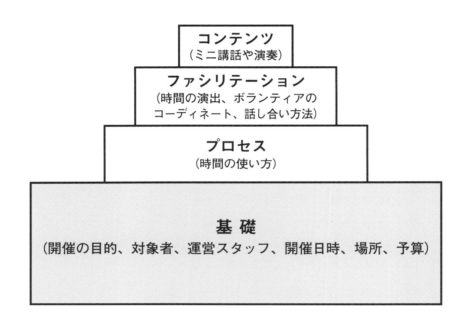

### ◆ 基礎

認知症カフェを行ううえで最も大切なのが基礎となる部分です。具体的には、認知症カフェをなぜ行うのかという「開催の目的」「対象者」「運営にかかわる人」「開催日時」「開催場所」「予算」のことです。家を建てるうえでの基礎や土台、そして大黒柱となる部分です。川でいえば堤防や土手であり、しっかりしていれば自然と川が流れます。ここがしっかりしていないと家はもろくなり、川も氾濫してしまいます。

## ◆ プロセス

　プロセスは、認知症カフェでの時間の使い方のことです。何時間行い、その時間をどのように使うかをしっかり検討することが大切です。例えば、2時間で行うのであれば、30分区切りでカフェタイムやミニ講話を入れるなどです。基礎がしっかりできていれば、プロセスは必然的に決まり、流れを作ることも容易です。プロセスに迷う場合には基礎を見直してみましょう。

## ◆ ファシリテーション

　ファシリテーションは、認知症カフェの運営方法です。中心的役割を担う人（コーディネーター）の立ち回り方まで含みます。司会進行はどのようにするのか、ミニ講話をする際、インタビュー形式をとるのであればその方法や内容、音楽やイベントをいつどの場面で用いてどのように展開するのか、コーヒーやお菓子の提供方法はどのようにするのか、ボランティアや協力者の役割をどうするのか、会話を盛り上げるための工夫はどうするのかなどを検討します。

　しかし、これは運営の中心者（コーディネーター）がひとりで決めるのではなく、運営メンバーで一緒に検討していくようにします。2回目以降は、参加者の意見も聞きながら進めます。

## ◆ コンテンツ

　コンテンツは、認知症カフェでミニ講話を行う場合のテーマ、講師の選定、音楽を用いる際には、曲目、楽器かCDかなどのことです。また、用意する飲み物やお菓子の種類と量、さらに細かく考えればコーヒーの豆の挽き方、淹れ方、紅茶などの茶葉の種類、食器の種類などもコンテンツとして考えていきます。

**コラム** 地域の財産として育まれる場所に

「認知症になっても安心して暮らしていく」ためには、その考え方を地域全体に浸透させていかなければなりません。具体的には、仕事、交通、情報、地域活動、教育などすべての側面においてです。これまでの流れを変えるために、ひとりが頑張ったとしても、そのひとりが頑張れなくなったら流れは止まってしまいます。認知症カフェも同様で、1つの法人や事業所の頑張りや個人の頑張りに依存すると継続は難しくなります。多くの施設や事業所の専門職、地域の団体などがかかわり、1つの認知症カフェをその地域の財産として育てていくことは、地域全体を変え、流れを変えるきっかけになるはずです。その流れは、「自分はまだ関係ない」と思っている人、「支援したいけれどどうすればいいのだろう」と思っている人を巻き込んで大きな流れになり、認知症の人と家族と共に歩む仲間を作っていきます。

オランダで感じたことは、認知症カフェが地域の財産として多くの人に育まれていることでした。認知症について地域住民が真剣に議論し考える姿は、その流れの源流になるはずです。

## 7 認知症カフェ先進国の状況

### オランダ

　オランダは、さまざまな価値観を容認する「寛容の国」と言われています。「アンネの日記」のアンネ・フランクは、ユダヤ人迫害によって当時中立国だったオランダのアムステルダムで息をひそめて暮らしました。オランダ人は他民族に対しても寛容で、差別感は少なかったといいます。また、国民1人当たりの募金額は常に世界のトップクラスで、日本でも人気の「24時間テレビ」はオランダが最初に行ったそうです。これは市民レベルでも同じで、筆者が認知症カフェを巡る途中で、オランダ人はホームレスの男性に対し、躊躇することなく肩を組み「これでおいしいものを食べなさい」と紙幣を差し出している姿を何度も目にしました。

　また、オランダは小国であるがゆえに、他国と協調しながら独自の新しいやり方を生み出しています。例えば、売春婦や大麻の合法化も寛容の精神を基本にしているともいえます。安楽死の先進国としても有名で、そのプロセスでは、医師、看護師、家族、本人が話し合いを繰り返しながら、情報を共有し、共通の認識を持つなど、本人の意思を尊重するプロセスを惜しまず行います。本人の主体性を保つため社会全体で考えるという姿勢は、オランダの認知症カフェの基本になっているように思われます。

　オランダでは、認知症カフェは「アルツハイマーカフェ」としてユーロ圏で商標登録されています。それだけ、この国では認知症カフェを大切にしているのです。1997年に始まった認知症カフェは、高齢者の精神疾患研究センターの老年心理学の専門家ベレ・ミーセンとアルツハイマー協会が協力し、ライデン大学で開催したのが始まりです。今の認知症カフェもこの時のプログラムを基本としています。

　オランダは、面積も人口もほぼ九州と同じくらいです。この国で現在、認知症カフェは240以上、そして宗教上の理由でカフェインを摂取できない人たち向けの「アルツハイマーティーハウス」もあります。オランダの正式名称はネーデルランド（低い土地）というだけあって、海抜0mの地帯が多く、風が強くて運河の多い地域です。また、山がなく、隣町への移動も簡単です。そのため、

ほとんど毎日どこかで認知症カフェが開催されていて、参加しようと思えば週に何回も参加することが可能です。

オランダの認知症カフェの政策的な位置づけは、介護者支援策であり、とにかく「敷居を低く」して誰でも参加できるようにし、「人とつながる」「会話を深める」ことが徹底されています。「敷居を下げる」「人とつながる」ことへのこだわりは、認知症カフェの随所に表れています。

### ◆ 開催時間の工夫

オランダでは、多くの認知症カフェは19時頃から始まります。オランダ人は世界一夕食が早い国とも言われており、18時には食事を終えてその後カフェを楽しむという人が多いそうです。認知症カフェも遅く始まり、カフェを楽しみます。この時間に開催すると、仕事をしている人も参加できます。

### ◆ 無理のない開催時期と頻度

オランダでは、月1回、月曜日から木曜日の中で年間10回程度開催しています。金・土・日曜日、祝日は開催しません。理由は、金曜日は友人とお酒を飲む日、土・日・祝日は家族と過ごす日だからだそうです。また、月1回年間10回の開催であれば、無理はないということが基本にあります。運営側も無理せず楽しまなければ継続しないと考えています。

### ◆ 会話の敷居を下げる（名簿、名札、音楽、時間管理、司会進行）

オランダの認知症カフェには受付名簿はなく、参加者は名札もつけません。ただし、運営スタッフには名札をつけている人もいます。名前を聞くことが、最初のコミュニケーションであると考えていることと、一般のカフェでは名札をつけないからというのが理由だそうです。

音楽は生演奏を用いているところがほとんどです。特にアコーディオンは持ち運びもでき、音も大きすぎずBGMとして効果的でした。音楽は主役にならないように、あくまでBGMとして演奏されていて、徐々に会話が弾んでいくのを感じました。また、音楽を用いて自然な時間管理をしていて、カフェタイムには音楽を演奏し、ミニ講話の時には演奏をしないというようにメリハリを自然につくっています。そのため、進行役は、大きな声で形式的なアナウンスをする必要はなく、自然に落ち着いた雰囲気で進行をしていきます。

◆ 参加までの敷居を下げる（会場の選定と予約）

　オランダの認知症カフェは、ベレ・ミーセンの理念にある通り、「敷居の低い場所」となるように日々努力をしています。高齢者も含めて利用しやすく、親しみのある、行きたくなる立地を探すこともその1つです。よい場所とは、交通の便がよく、地域の人がよく知っているカフェやレストランなどです。会場の広さに比べて、参加者が多く集まりすぎても気にしません。その時は、別の会場を探せばよいと考えているからです。予約制にすると敷居を上げることになるため、予約は取りません。こうした考え方はとてもシンプルでわかりやすく、地域の中で愛されている理由の1つかもしれません。

◆ 地域の財産とする（運営方法）

　オランダの認知症カフェは、地域の財産として育まれています。認知症カフェは私財ではなく準公共財なのです。その地域の複数の医療・介護関係の施設・事業所から職員が派遣され、運営を行います。責任者も複数人です。そのため、多くの専門職が集まります。利害関係はなく、専門職としての仕事を抜きにした交流が深まっていることを感じました。

　認知症カフェ終了後、運営スタッフは振り返りを行うために残っていましたが、「バータイム！」と言ってワインやビールなどを楽しみながら話をしていました。専門職間のネットワークづくりにも役立っているようです。

◆ 安定したプログラムと仕掛け

　オランダの認知症カフェのプログラムは「カフェタイム（情報収集）→情報提供（教育・ミニ講話）→カフェタイム（休憩とコミュニケーション）→ディスカッション（Q&A）」という流れで行われ、定型化しています。プログラムの内容は、認知症に関する学びと、地域住民を巻き込み社会的包摂を目指した心理的サポートの側面が強いことが特徴です。また、ミニ講話だけではなく認知症の人の心理を描いた映画を鑑賞したり、認知症の人の著書を紹介したりもします。情報提供後のカフェタイムは、学びを深めることに大いに役立ち、この時間帯には、家族が専門職スタッフに相談する姿をあちこちで見かけます。

### ◆出会いの場を提供し、出会いを演出する（参加者の枠を取り払う）

　参加者は、認知症の人、介護家族、地域住民、地域の認知症介護にかかわる専門職です。オランダの認知症カフェは参加者が多いことも特徴で、どの会場を覗いても40～50人程度の人がいます。認知症の人は、ごく軽度の人が2～3人、多くて5人程度しかいません。ほとんどが家族もしくは地域の人です。これにはとても驚きましたが、ほとんどの認知症カフェで共通した状況でした。

　オランダの認知症カフェは、日本のように、誰でも、どこでも設置できるわけではありません。アルツハイマー協会の地域支部が計画的に設置し、隣接した地域で開催することで参加者の取り合いにならないよう、地域の環境やニーズを検討して設置することとなっています。また、運営は、開催されている地域の介護施設や専門職者の連合体により行われ、各法人が数名職員を派遣しています。運営メンバーの中にはアルツハイマー協会から派遣されている人もおり、さまざまな職種の人が参加することで、認知症カフェは、一度に医師、看護師、ケアマネジャーなどの介護に関係する人とのコンタクトがとれる場所になっています。これまでは、認知症の人や介護家族が、個々に各専門職を訪問しなければならなかったものが、ここでは一度で済むことから合理的で効率的です。

　オランダの認知症カフェに参加していると、認知症カフェは単なる「場所」ではなく、よい時間、意味のある時間を演出する場であることを感じます。

表　オランダの認知症カフェの概要

| 名　称 | アルツハイマーカフェ（ユーロ圏の登録商標）<br>アルツハイマー協会地域支部の関与が必要であり、その証としてアルツハイマーカフェの赤い文字のフラッグやパネルが掲げられている。 |
|---|---|
| 目　的 | ①認知症についての医学的情報や社会心理学的情報の提供<br>②抱えている問題についてオープンに話すことの重要性を伝えること<br>③認知症の人や家族が抱えている問題について地域社会が再認識し受容すること<br>④認知症の人とその家族に対する社会的孤立の回避<br>（本人、家族、地域への教育とピアサポートの場） |
| 対　象 | 認知症の人、介護家族、地域住民（家族の仲間）、専門職 |
| 頻度・時間 | 月に1回、19時頃から2時間が多い。<br>昼間に開催するところも多少ある。<br>月曜日から木曜日までに開催し、金、土、日、祝日は開催しない。 |
| 運営者 | 地域の介護、福祉、医療関係法人が職員を派遣し連携して運営する。アルツハイマー協会から派遣されている人が含まれる場合もある。 |
| 進　行 | カフェコーディネーター，ディスカッションリーダーなどが全体の進行やQ＆Aの進行を務める。これらの人はアルツハイマー協会の研修を受講している。 |
| 内　容 | カフェタイム（情報収集と受け入れ）30分→情報提供（教育・ミニ講話）30分→カフェタイム（休憩とコミュニケーション）30分→ディスカッション（Q＆A）30分。このプログラムはどこでも同じ。毎回、認知症に関する情報提供の内容が異なる。 |
| 音　楽 | 多くの場合、カフェタイムにBGMとして生演奏をしている。楽器は、ピアノ、アコーディオンが多い。 |
| 参加費用 | 無料 |
| 飲み物・お菓子など | ほとんどの場合、コーヒー、紅茶のみ。オランダはコーヒーの文化がありコーヒーを好む。お菓子は、クッキーやチョコレートが少々。食事としてサンドイッチやパンを用意することがある。ワインやビールを有料で用意しているところもある。 |
| 財　源 | 国から交付される自治体予算から自治体が負担。または、アルツハイマー協会本部や地域支部がNPOなどから助成を受けて財源に充てている。1回の開催につき日本円で約1万円程度の補助がある。会場内に募金箱が置いてある。 |

### コラム　オランダ人の気質—オランダの「認知症カフェ」視察記より

　オランダの認知症カフェはとてもオープンなので、事前に連絡しておけば見学することはあまり難しくはないと思います。ただし、認知症カフェは雰囲気づくりが大切なので、多人数で見学することは避けてください。それだけでカフェの雰囲気は崩れますし、今後、勉強に行きたいと思っている人が、見学を断られてしまうことになる可能性があります。

　見学をする時のアポイントメントを取るルートとしてはいくつかありますが、筆者は、「Japan Cultural Exchange」というところにお願いしました。ここはオランダの人に日本の文化を紹介するということと、日本の人にオランダを紹介することを仕事としている団体です。ここで働く、中條永味子さんと松本恵美さんにオランダについてお話を伺いました。

#### Q1：Japan Cultural Exchangeの仕事の内容

　これまでは日本の文化をオランダに紹介するという仕事がメインでしたが、現在は日本人にオランダの文化を紹介するということにも力を入れています。ジャパンマーケットなどさまざまなイベントも開催しており、先日は3500人もの人が参加しました。

#### Q2　オランダのカフェ文化について

　オランダ人は、夜にカフェを楽しみます。仕事は17時に終わり、食事をします。その後に集まってお茶を楽しむことは普通です。また、土曜日と日曜日は家族と過ごす日、金曜日は翌日が休みだから友人と楽しむという習慣ははっきりしているのではないでしょうか。

#### Q3　オランダ人と日本人の違い

　オランダ人ははっきり主張します。しかし、主張しないとダメということではなく、話さない人、話したくない状況ということも認められています。

#### Q4　オランダ人の国民性（性格の特徴、気質、考え方、価値観）

　愛国心が強く、ナショナルカラーのオレンジ色が大好きというのもよくわかります。贅沢はあまり好きではないので、食事のこだわりはほとんどありません。でもパーティーとなると盛大に行います。基本的には保守的だと思います。

#### Q5　オランダ人の家族の考え方（過去、現在）

　これは、欧米全般かもしれませんが、それぞれが自立していて、親子は別居している人が多いですね。でも絆はすごく強い。

**Q6　オランダの介護に対する意識（在宅、施設）**

　家族観や同居の状況からもわかる通り、「基本は施設」という考え方があるようです。それに対しては、高齢者も家族もあまり抵抗はないようです。

**Q7　オランダの認知症に対する意識（一般的に）**

　病気の人、ハンディキャップがある人に対する考え方はストレートではっきりしていると思います。例えば「彼は障害があるから」など、素直に言います。しかしこれは差別ではなく「配慮しよう」ということをはっきり言うことで、認めているということでもあります（認知症の場合ははっきりと見えないから難しい）。だからこそ、認知症カフェなどで学ぼうという意識もあるのかもしれません。オランダ人は子どものころから英語とオランダ語を話します。オランダ人同士では通常はオランダ語ですが、みな勉強し英語も話します。勤勉で、話すこと、議論することを好むということが根底にはあるのでしょう。そのために、包容力もある国だと思います。

# イギリス(スコットランド、イングランド)

## ◆「イギリス」とスコットランド

　イギリスの認知症カフェの状況については、「イギリスの認知症カフェ」とひとくくりに表現することができません。イギリスの正式名称は、グレートブリテン及び北アイルランド連合王国で、4つの非独立国であるイングランド、ウェールズ、北アイルランド、スコットランドで構成されているために、それぞれの歴史、文化や言語が大きく異なるからです。

　特にスコットランドは、法制度、教育、裁判制度について他の3地域とは異なり、さらには紙幣もスコットランド独自のものが発行されています。歴史的にも1000年以上も長い間スコットランドとイングランドには土地と主権をめぐる争いが続いており、新しいところでは、2014年に、スコットランド独立住民選挙が行われたところでもあります。私たちは普段、1つの連合国の「イギリス」として認識していますが、実際にスコットランドに行くと、戸惑いを感じることもあります。例えば、日本で習う英語(アメリカンイングリッシュ)が通じないことが多々あります。実際にスコットランドの認知症カフェで、英語で話かけると、「ここではスコティッシュだ」と言われてしまうことがありました。

## ◆イギリスの認知症ケアと認知症カフェ

　イギリスは伝統を重んじる保守的なイメージとは裏腹に、「世界初」のものが多い国です。産業革命もイギリスが始まりですし、資本主義や議会制民主主義、蒸気機関車や切手を用いた郵便制度、サッカー(フットボール)やテニス、ミニスカートに至るまで「世界初」はたくさんあります。

　認知症施策についてもイギリスは他国とは違う視点で発信し、他国の模範となる先進国でもあります。例えばブラッドフォード大学のトム・キッドウッドが提唱したパーソン・センタード・ケアや認知症の人の言葉を重視し、若年認知症の人の声を政策に反映する手法などは、日本でも広く受け入れられていることからもわかります。

　認知症カフェはオランダで発祥した取り組みですが、イギリスにおいてはオランダから3年ほど後の2000年にはじめて実施されました。その時の記録が次のように残されています。

「英国で最初のアルツハイマーカフェが、ハンプシャー州のファーンボローで開催された。アイデアはシンプルで、認知症の人と介護をする家族が、毎月集まることができる場所を提供するというものである。その雰囲気はくつろぎやすく、フレンドリーで、みんなが'1つの船にのっている感覚'を体験できるものとなっている。介護家族は、自宅でケアを続けることによって生じる孤独感から解放され、他の介護家族と一緒に過ごすことができる。また認知症の人は、不安に感じることなく、自分の病気を理解してもらえる環境の中で、他の人と交流をしたり、新しい友達を見つけたり、アクティビティに参加したり、認知症の経験について他の人と話すことができる。」

（Nursing Times (Vol 102, issue:15 Page no. 29)

　その後、2009年の国家戦略によって明記されたことによって、今では約600か所で認知症カフェが展開されています。イギリスの人口は日本の約半分、そして高齢化率も低いことから考えると、かなりの普及率であるといえるでしょう。

## ◆スコットランドとイングランド他の認知症カフェの違い

　イギリスの認知症カフェを理解するうえで少しややこしいことがあります。それはスコットランドとその他の地域の関係です。スコットランドは、認知症政策も他と異なるので、認知症カフェも独自の広がりを見せています。まず、イングランド、ウェールズ、北アイルランドのアルツハイマー協会は、Alzheimer Societyという組織で、スコットランドは、Alzheimer Scotlandという組織が「アルツハイマー協会」として、それぞれ別組織で運営されています（イングランドには、アルツハイマーカフェUKという組織もあり、これは、オランダのベレ・ミーセンの考えたカフェモデルを継承した独自の組織になります）。スコットランドの認知症カフェは、スコットランドアルツハイマー協会各支部のみが運営し、イングランド他の地域は、アルツハイマー協会以外のNPOも運営・支援を行っています。また、認知症カフェのプログラムは、イギリス独自の発展を見せていて、オランダとはかなり異なった目的、運営方法が用いられています（本書では、Alzheimer Society並びにAlzheimer Scotlandが実施するカフェを紹介）。

## ◆目的と対象者

　イギリスの認知症カフェの多くは、認知症の人と家族、そのケアにかかわる専門職のみで構成されています。始まった当初はオランダと同じように、認知

症の人と家族のほか認知症に関心のある人も参加していましたが、回数を重ねるに従い、徐々に同じ経験をする他の仲間から受ける精神的サポートの効果を重視する手法に変わっていきました。これは、イギリス全土で共通です。

「認知症カフェは、認知症の人々やその介護をしている人々に、インフォーマルな環境設定のもと、定期的に集える機会を提供している。認知症カフェでは、認知症の診断に関することや診断結果について、支援仲間（認知症の人々やその介護に携わる人々）やヘルスケアの専門家と共に、オープンに議論しやすいように工夫をこらしている。認知症カフェでは、実際の社会生活の中から吸い上げられたものや非公式な報告内容も含め、多様な情報源に基づいた、実生活において役立つ情報を参加者に提供している。具体的には、認知症の人々やその介護に携わっている人々が、リラックスした雰囲気の中で、専門家に問いかけた内容や、互いに学んだことも共有される。認知症カフェは、あらゆる認知症の人々に対して開かれている。」

（Alzheimer Society「認知症カフェのサービスモデル」より）

## ◆認知症カフェの内容とレイアウト

　イギリスでは、オランダのように定型的なプログラムで実施されるのではなく、アクティビティを中心に行われているところが多い状況です。

「認知症カフェはオープンセッションという形をとっていて、正式なルールや運営手法というものはない。このサービスを利用する多くの人々も、セッションごとに参加メンバーも異なる。唯一のルールは、最低16人の参加者がいてはじめて実行可能という点である。」　　　　（Alzheimer Society「認知症カフェのサービスモデル」より）

　参加人数以外は、認知症カフェの運営者に内容や運営方法が任されているため、場所によって行われるアクティビティは異なっています。認知症についてのミニ講話を行うところもあれば、行わないところもあります。以前はミニ講話を行っていたけれど、認知症の人からの要望により、やめてしまったところもありました。また、認知症の人と家族をパーテーションなどで区切り、家族は介護の悩みについて話し合い、認知症の人は自分の悩みを相談したりレクリエーションを行う形式のところもあるようです（P179 「オアシスカフェ」）。

　また、認知症カフェのレイアウトとしては、１つの大きなテーブルを囲むとこ

ろが多いことも特徴です。初期の頃は、イギリスでもオランダのようにカフェスタイルで行っていましたが、やはり参加する認知症の人から、1つの大きなテーブルで実施したいという要望があり、徐々に今の形になったということです。以下はカフェのスタッフの説明です。

"始めた当初は、カフェの雰囲気を出すために、複数のテーブルを置いていました。けれども、利用者の評判はここではよくありませんでした。テーブルを1か所にまとめてほしいという要望が寄せられました。利用者が望む形式は、そういうものだったのです。当時、私の上司は"その要望には応えられない"と言いましたが、私は"私たちは、参加者が認知症カフェに何を期待しているかを聞きました。その結果、彼らは1つの大きなテーブルに一緒に座りたいと答えてきたのです。"と言いました。"

　　　　　　　　　　　　　　　（イギリスのメモリーカフェのスタッフ）

## ◆ プログラム

　多くの認知症カフェでは、最初に自己紹介を行い、情報提供があり、アクティビティを実施する形で成り立っています。ただし、統一した方法で行うことが定められているわけではないため、各認知症カフェによって内容は異なり、アクティビティが中心になっているところも多いようです。

## ◆ スコットランドのプログラム

　スコットランドでは、独自の展開を見せています。認知症の人の趣味や嗜好に合わせた認知症カフェが多数あり、サッカーやクリケット、ボーリング、ウォーキング、ガーデニング、歌などに特化したものなどがあります（P156「フットボールメモリーズ」）。フットボールやクリケットに特化した認知症カフェでは、男性だけが集まっています。もはや認知症カフェというよりもサークルに近い雰囲気があります。

## ◆ イギリスの悩み

　イギリスは日本と同じく、「認知症カフェ」について国家戦略には明記されていますが、実際の運営は公的資金を用いず寄付によって成り立っています。そのために内容の自由度が高く、それぞれの認知症カフェによって実施内容が異

なっています。さらに、「認知症と共に歩む」こと、「パーソン・センタード・ケア」を基本理念に据えて「本人の声を聞く」ことを第一に据えているため、本人の声により内容が変化し、全体としては統一感を欠く形になっています。イギリスの運営団体もここに悩みを抱えています。

　スコットランドも含めたイギリスでは、認知症の人と家族が一緒に参加することをモデルサービスとして据えています。しかし、実際に参加してみると、家族は認知症の人を認知症カフェに連れてくると「じゃあ2時間後に」といって帰っていく人が多くいます。つまり、デイサービスのように利用しているのです。これでは、認知症カフェというよりも、無料で利用できるデイサービスもしくは、一時預かり所になってしまいます。本人の声を重視するという視点では、家族は助かり、本人もその時間を楽しめるのでよいようにも思いますが、果たして認知症カフェとは、本来こういうものなのだろうかという疑問もわいてきます。

　どこまで「本人の声」を反映するのか、そして、その「本人の声」は総意として捉えてよいのか、またそれによって地域コミュニティとの乖離、つまり「当事者にしか理解できない」という認識が生じてしまわないかなど、さまざまな検証が必要であるように思います。同じような課題は、今後、日本でも生じることでしょう。

表　イギリスの認知症カフェの概要

| | |
|---|---|
| 名　称 | 【イングランド】<br>メモリーカフェ、ディメンシア・カフェ、アルツハイマーカフェ、メモリークラブ、ケアカフェ　など<br>※正式名称は、メモリーカフェである。イギリスアルツハイマー協会が主催する認知症カフェの8割はこの名称を使用している。<br>【スコットランド】<br>メモリークラブ、ディメンシア・カフェ、D-カフェ、フォゲットミーノットカフェ、オアシスカフェ、パームカフェ、クリケットクラブ、フットボールカフェ、ガーデニングクラブ、ミュージカルクラブなどさまざま<br>※正式名称は、ディメンシア・カフェであるがほとんどこの名称は使われず、通称が用いられている。 |
| 目　的 | ①認知症の人や介護家族が孤立せず社会と繋がること<br>②認知症の人や介護家族の相互支援（ピアサポート）が行われること<br>③認知症や介護に関する情報提供がなされること<br>④専門家とつながり早期支援に結びつくこと<br>⑤通常のカフェに出かけるようにリラックスすること |
| 対　象 | 認知症の人、介護家族が中心 |
| 頻度・時間 | 開催頻度は、場所によって異なる。月1回、隔週、毎週などさまざまである。時間は、午前中のみ、午後のみ、お昼を挟んで午後まで行うところの3種類が混在し、実施する団体によって異なる。<br>月曜日から金曜日まで開催されており、土・日・祝日は開催しない。 |
| 運営者 | アルツハイマー協会支部が運営する認知症カフェや地域のNPOが運営する認知症カフェなどさまざま。スコットランドでは、ほぼアルツハイマー協会支部がかかわって実施している。 |
| 進　行 | アルツハイマー協会が運営する認知症カフェでは、協会の職員のであるプロジェクトワーカーが企画・運営を担っている。カフェコーディネーター（ファシリテーター）は、ボランティアの場合もあるがボランティアのコーディネート、認知症カフェの環境設定、記録などを担う。ただし、認知症カフェの運営団体によって呼び名は異なる。 |
| 内　容 | 場所により、それぞれ特徴あるアクティビティを行っている。ゲームや歌、ビンゴ、軽スポーツなどさまざま。特にアクティビティを行わずに会話だけを楽しむところもある。スコットランドの場合は、サッカーやガーデニングなどアクティビティや興味に応じたテーマ設定が行われている。 |
| 音　楽 | CDなどで音楽を流す設備はあるが、使用しないところも多い。 |
| 参加費用 | 基本は無料。食事を提供するところでは3ポンド程度（約500円）。 |
| 飲み物・お菓子など | コーヒー、紅茶が提供される。インスタントがほとんど。食事を提供する場合は、キッチンで調理する。 |
| 財　源 | イギリス（イングランド、ウェールズ、北アイルランド）では、イギリスアルツハイマー協会（Alzheimer Society）が、スコットランドでは、スコットランドアルツハイマー協会（Alzheimer Scotland）が寄付を募り運営資金を確保する。また、チャリティイベントなども頻繁に実施する。 |

### コラム　オレンジリングではなくブルーリング

　認知症サポーター養成講座は、認知症のことを正しく理解し、認知症の人や家族の応援者となるための研修会で、受講するとオレンジリングを付けてもらいます。

　スコットランドにはオレンジリングと同じシリコン素材で腕に付けるブルーリングがあります。

　スコットランドアルツハイマー協会では、毎年「Dementia Awards（認知症大賞）」という表彰を行っています。表彰には、アカデミー賞のように、いくつもの部門があります。例えば、「もっとも先駆的な教育」「急性期医療の取り組み」「革新的なパートナーシップ」などがあり、その中に「もっとも認知症の人にフレンドリーな地域」という部門があります。たまたま訪問したアルツハイマー協会マザーウェル支部は、この部門で最も優れていたとして表彰された街でした。

　取り組みの一環として、認知症に優しい協力店を増やす活動を行っており、この地区はすでに60店舗ほどが協力店になっています。その店にはステッカーやブルーリングが配られるのですが、協力店になってもらうには条件があり、これをクリアすることがなかなか難しいのです。その手順は次の通りです。

① 認知症フレンドの理解を得るための書類を手渡す。
② 次に認知症フレンドの心得を渡す。
③ 認知症の人への対応方法の簡単なシートを渡す。
④ 環境評価シートで店内や対応をチェックする。
⑤ 認知症に優しい地域のステッカーを張ってもらう。

　お店の場合は、かなり具体的なチェック項目があります。例えば入り口の見つけやすさ、照明の明るさ、トイレの場所や表示、店内の音や商品の表記方法など、とても細かいのです。環境だけではなく、認知症の人が来店した際の対応方法までチェックがあり、これをアルツハイマー協会職員と認知症の人が、一緒にチェックします。そのチェックの根拠も書くようになっています。さらにできていない場合には、どのように改善するかを書き込みます。これらをクリアするとその店に対し、晴れて青いステッカーとブルーリングが配られます。本人本位の国、イギリスならではの取り組みです。

　マザーウェル地区では、2012年からこの取り組みを継続的にしているそうです。また他の地域にも広がっています。日本にも似たような取り組みがありますが、本人評価というのがいいですね。

　そして、ステッカーにはこのような言葉が書かれています。

　　「Making sure "nobody" faces dementia alone.」
　　～認知症になっても"誰ひとり"孤独にはさせない～

# 第2章
## 認知症カフェの知りたいことがわかるQ&A

　認知症カフェの考え方、始め方、続け方に明確な答えや決まった答えはありません。そのため、「一歩踏み出す勇気がほしい」「熱い気持ちで始めたのに参加者が来ない」「もう辞めようかと悩んでいる」など、不安や悩みを抱えている人がいるかもしれません。でも、あわてず、焦らず、まわりを見回してみてください。もしかしたら今、直面している不安や悩みは、あなたのかかわっている認知症カフェをもっとよいものにするための1つのきっかけなのかもしれません。ちょっと立ち止まって、本章のQ&Aを参考に、参加者や運営スタッフと話をしてみてください。きっと新たな発想が生まれてくるはずです。

## 1 • 開設の準備

 誰が主催するのがよいのでしょうか

● 認知症カフェの実施主体

　日本では急速に認知症カフェの普及が進んでいます。しかし、今のところ、誰がどこで行うことが望ましいかという具体的な指針は示されていません。実施主体は、「認知症の人と家族の会」や社会福祉法人、医療法人などなど。実施場所も介護保険施設やグループホームの地域交流スペース、デイサービスのフロア、コミュニティ・カフェなどさまざまです。

● 地域や当事者に必要とされる主催者になる

　認知症カフェは誰でも主催者になることができます。ただし、その団体、組織の得意とすることや特徴から役割を再度確認し、目的を定めることで、地域で求められる認知症カフェの主催者になることが大切です。例えば、認知症に対する偏見をなくし理解のある地域づくりを進めることが目的であれば、「オープンな認知症カフェ」が必要です。認知症の人や介護家族の居場所が求められている場合は「本人・家族の認知症カフェ」が必要になります。

　地域づくりを目的とした「オープンな認知症カフェ」を目指しているオランダでは、単独の施設や法人が主催することはありません。認知症カフェは地域の財産として地域全体で育てていくという考え方があるからです。単独の施設や法人では、地域への広がりはそれほど期待できず、参加者と専門職との出会いも限られてしまうのです。仮に1つの施設や法人の主催でスタートしたとしても、徐々にその輪を広げ、地域の多くの施設・法人の専門職にかかわってもらい、地域全体で認知症カフェを育てていくことをめざしましょう。

　「本人・家族の認知症カフェ」の場合には、1つの施設や法人が主催するメリットもあります。例えば、地域包括支援センターや入所施設、訪問サービス、通所サービスなどを提供している規模の大きな法人では、認知症が進行したとしても、症状に応じて他のサービスにつなげることが可能です。「本人・家族の認知症カフェ」では、このようにサービスの出口を意識し、フォローできる体制があることが望ましいでしょう。また、参加者の固定化を防ぐため、新しいメンバーや実施主体である法人の利用者以外の人も入ることができるような配慮をする必要もあります。

## Q2 開設にあたって必要な手続きを教えてください

● **必要な書類** ----

　現在は、開設にあたって公的に必要な書類はありません。自治体によっては、登録制にしているところもありますが、さほど細かい書類の指定はなく、開催日、目的、対象、連絡先程度です。助成金が申請できる場合には、さらに詳細な経費の見積書や年間計画書などを準備する必要がありますので、それぞれの担当者に確認してください。

　また、計画的に実施するために、次の書類は最低限準備しておきましょう。

**必要な書類**

- 概要書 ………… 目的、開催日、時間、協力団体
- 年間計画 ………… 日程とテーマの年間計画
- 予算書 ………… 必要物品の購入見積書、毎回の経費、参加費
- スタッフ名簿 …… 運営スタッフの名簿と連絡先など
- スケジュール表 … 役割、準備と当日の流れ
- 物品一覧 ………… 当日必要な物品の所在と担当者
- 配置図 ………… 机や椅子の位置、担当者の配置

● **保健所への届け出** ----

　営利目的で不特定多数の人に飲食を提供する場合には、通常、食品衛生法に基づき保健所に営業許可を申請する必要があります。その後、法に定める施設基準を満たしているかどうか、現地の立ち合い確認を経て許可が出ます。また、パンやクッキーの製造・販売をメインとする場合には、菓子製造業の許可が必要になります。

　認知症カフェの場合は、100〜300円程度の参加費を設定しているところが多いですが、なかにはランチを提供しているところもあります。飲み物も、コーヒーを豆か

ら挽き、ドリップして提供するところ、ペットボトルの飲み物をコップなどに入れて提供するところなど、さまざまです。保健所への申請が必要かどうかについては、所管する自治体や保健所によって多少異なりますので、一度相談してみるとよいでしょう。その際にも、その認知症カフェの設置の目的を明確に伝える必要があります。所管の保健所の判断にもよりますが、営利や飲食を直接の目的にしておらず、材料費程度の参加費で運営するのであれば特に届け出は必要ないという例も見られます。ただ、保健衛生上の問題もありますので、衛生管理を徹底することはもちろんですし、参加費を設定して運営する場合には、保健所に相談することをお勧めします。

　感染症対策も重要です。運営スタッフは、事前ミーティングにて体調確認をしたうえで手指消毒を行うこと、参加者のなかに風邪をひいていると思われる人がいる場合には、残念ですが参加を見合わせていただきましょう。

## Q3 どのような場所（立地、周囲の環境など）が適していますか

　認知症カフェを開く場合、多くの人が集まりやすい立地であることや入りやすい場所（建物）であることは大切です。①交通の便がよく駐車場があること、②わかりやすい場所であること、③行ってみたいと思う雰囲気であることなどが場所選びのポイントと言えるのではないでしょうか。

### ● 交通の便のよさ

　東京都内のある「オープンな認知症カフェ」は、以前は駅前の交通の便のよい場所で開催していました。その時は広報活動をあまり行わなくても常に参加者が訪れていたそうです。しかし、所有者の都合により引っ越しを余儀なくされ、駅から徒歩15分ほどの場所に移ってからは、新しい参加者が少なくなってしまったそうです。交通の便は大切です。電車の駅やバス停の近くであること、さらに、駐車場が確保できることがより望ましいといえます。

### ● わかりやすい場所

　地域住民にとってなじみのある場所、入りやすい建物であることも大切です。建物の奥まった場所ではないほうがよいでしょう。役所や公民館はわかりやすいのですが、こうした公的な施設だと雰囲気を出しにくいこともあるので悩ましいところです。

### ● 雰囲気のよい場所

　オランダやイギリスでは、地域の人にとってなじみのある場所、できれば実際のカフェやレストランを活用して行うことが最も望ましいとされています。一方で、介護施設は「介護」をイメージさせ、入りにくくしてしまうため、できれば避けたい場所と考えられています。盛況な認知症カフェの多くは、実際のカフェやレストランで開催されています。

　オランダの事例ですが、全く同じプログラムで行っているにもかかわらず、一方は毎回30〜40人が集まり、もう一方は4〜5人しか集まらないという2つの認知症カフェがありました。人が集まらない認知症カフェのコーディネーターは、「ここは立地が悪く、住民の認知症に対する関心も薄い」と話していましたが、その場所は、日

# 1 • 開設の準備

本でいうデイサービスセンターの奥にある食堂でした。認知症カフェの会場に行くまでに施設の玄関、デイサービスのデイルームを通り抜けて行くため、何となく「カフェに行く」というワクワク感は薄れ、雰囲気は盛り上がりません。経費との兼ね合いもあるので場所を見つけるのはなかなか大変かもしれません。地域に安価でよい雰囲気をもつ場所はないか、参加者にも聞いてみると意外によい情報が得られることがあります。

レストランを利用した認知症カフェ（オランダ）

ホテルのバーを利用した認知症カフェ（オランダ）

## ●「敷居」が高くない場所

イギリスでは、教会の集会所、プロサッカーチームのクラブハウス内、ボーリング場など目的に合わせさまざまな場所で認知症カフェが開かれています。イギリスの場合、認知症カフェの運営に公的な資金が投入されている訳ではないため、安く借りられることも大切な要素です。その結果、地域住民との結びつきが強く、敷居が低く、安価で借りることができる教会を利用するところが多いとのこと。

地元のプロサッカーチームのクラブハウスを利用した認知症カフェ（イギリス）

教会の集会所を利用した認知症カフェ（イギリス）

日本で多くの人が集まっている「土橋カフェ」（P138参照）、「思い出カフェ」（P163参照）は、参加者が昔からなじみのある自治会館を利用して行っています。誰もが集えるという点では敷居は低いのかもしれません。一方で、他の地域の人にとっては「自治会館」という場所は、敷居が高く感じられる可能性もあるので一考が必要です。

「入りやすい」会場のポイント

| 「入りやすい」会場の例 | 「敷居」を上げてしまう可能性のある会場の例 |
|---|---|
| ● レストランや喫茶店<br>● 公共施設<br>● 駅やバス停の近くでアクセスがよい場所<br>● 駐車場がある<br>● 道路から見えやすい場所 | ※必ずしも認知症カフェに望ましくないということではありません。<br>● 高齢者施設や病院内<br>● 公共性が低い個人の建物<br>● 駅やバス停から遠くアクセスが悪い場所<br>● 駐車場がない<br>● 建物の奥まった部屋やスペース |

### コラム　環境への配慮

　認知症カフェの参加者は、認知症の人、介護家族や地域住民も含めて高齢者が多くなります。したがって、認知症カフェを開催するうえで高齢者への配慮は欠かせません。もしも会場が畳の部屋であれば、足腰が痛くなり、長時間座っていることに苦痛を感じる人も出てくるでしょう。認知症の人や高齢者に対する配慮としては次の点が考えられます。

- 簡単にアクセスできるか
- 会場を示す案内はわかりやすいか
- 建物内の案内はわかりやすいか
- トイレの場所はわかりやすいか
- トイレの手すりや便座は周囲と区別しやすいか
- テーブルや椅子の色は周囲と区別しやすいか
- 椅子は、軽い力で動かすことができるか
- コーヒーカップは手に取りやすい形状で、明るい色のものを使用しているか
- 車いすでも利用できる環境か

　会場の照明、色調、見た目のコントラストといった空間のデザインは、参加者全員にとって重要です。多くの認知症の人が、視力や識別に関して不自由を感じていることからも明るい色を使用し、見やすくする配慮をしましょう。

# 1・開設の準備

 **どのくらいの広さで、どのような設備が必要でしょうか**

● **場所選びの条件**

　認知症カフェを開く場合、キッチンは必ず必要です。イギリスで認知症カフェをいくつか運営している法人のコーディネーターのローラさんは、場所選びの条件として、「キッチンがある」「集まりやすい」「座り心地のよい椅子がある」の3つを挙げています。

● **飲み物を提供する設備**

　認知症カフェでは飲み物とお菓子が提供されますが、飲み物は喉を潤すだけではなく、リラックスを目的にしているので、できればペットボトルや紙コップは避けたいところです。とはいえ、「飲み物のおかわり自由」の認知症カフェが多いですし、経費もかかることなので予算と相談しながらカップなどを整えていくことになるでしょう。

　イギリスの多くの認知症カフェでは、インスタントコーヒーが出されていました。イギリスはコーヒーよりも紅茶を好んで飲む人が多いので、コーヒーには、こだわりがない人が多いようです。ただ、紅茶もティーバッグをポットに入れて飲んでいたので「こだわりの紅茶」というわけでもなかったようです。認知症カフェでは、始まる前にある程度コーヒーを作り置き、ポットに入れて、適宜カップに注ぐという方法でよいのかもしれません。日本の「土橋カフェ」（P138参照）では、抹茶を振舞っていて、そのスペースを用意していました。これは雰囲気を出すうえでも役立っています。

● **落ち着ける場所の確保**

　認知症の人は、慣れない場所に適応することが難しく、かえって不安感を増幅させてしまう可能性があります。場所を選ぶ際には、会場内で不安感に苛まれたときに落ち着ける部屋や場所があるかどうかも考慮しましょう。

　また、介護家族は、同じ立場の人や専門職のスタッフにゆっくりと自分の悩みを聞いてほしいときもあります。会場の隅に他人の目が気にならない落ち着ける居場所を確保しましょう。

## Q5 開設・運営に必要な物品を教えてください

　認知症カフェの目的によって準備すべきものが変わります。認知症の人、介護家族、地域住民それぞれが認知症についてゆるやかに学ぶため、また、専門職と出会い、早期に適切な支援に結びつくために必要なものは何でしょうか。

　認知症についての学びを深める、話が弾む、関係が深まる、カフェという雰囲気を演出するうえで助けになる、ゆるやかな時間をつくり「認知症カフェ」という場所の「敷居」を下げるために役立つなどなど、準備すべき物品は、すべて意味あるものなのです。

**必要な物品と役割や効果など**

| 必要な物品 | 役割や効果など |
| --- | --- |
| リーフレットや冊子 | 認知症や介護に関する情報提供のために必要。これらを置くコーナーを設けるとよい。認知症の理解につながる書籍やおすすめの書籍を置くことも効果的。 |
| 案内板 | イーゼルなどは雰囲気を演出するために役立ち、途中から来た人が入りやすくなる。また、案内があることで迷うことなく入場する助けになる。 |
| コーヒー・紅茶 など | くつろいだ時間をつくるために必要。多種類のドリンクを用意するのもよいが、スタッフの負担と参加者のニーズに合わせて厳選することも必要。メニューが多いと迷い、焦りにつながる可能性もある。 |
| お菓子 など | 認知症カフェに足を運ぶ楽しみの1つにもなる。有料か無料かで準備できるものが変わる。オランダやイギリスでは、クッキーやチョコレートが多い。日本のおやつといえば煎餅だが、固く、食べると大きな音もするので好ましいとは言えない。 |

## 1●開設の準備

| | |
|---|---|
| コーヒーカップ | ゆるやかな時間を演出するために陶器のカップがよい。雰囲気づくりにも役立つ。 |
| 飲食に必要な物品 | 砂糖、ミルク、湯沸しポット、テーブルナプキン、トレー、お菓子を入れる食器やかごなど。 |
| テーブルクロス | 雰囲気を演出するだけではなく、テーブルを認識するためにも役立つ。床とテーブルの色の違いがわからず、戸惑う可能性もあり、危険防止にも役立つ。 |
| プログラム | 認知症カフェの目的や内容を記載した手持ちのプログラムがあると、慣れない参加者も安心してその場にいることができる。次回以降の予定も書かれているとよい。 |
| スタッフ用名札 | 認知症カフェは専門職との出会いの場でもある。誰が専門職なのかがわかるように専門職は名札をつけるとよい。一方、参加者の名札はカフェの雰囲気を変えてしまう可能性がある。実際のカフェに行くことを考えれば、参加者の名札は「不要」といえるかもしれない。 |
| マイク | 認知症のことを学ぶための講話や情報提供に必要。耳が遠い人のことも考慮して配置を工夫する。 |
| テーブルフラワー、雑貨 など | 雰囲気を演出する道具として、会場の雰囲気に合う、センスのよいものを考える。これを考えるプロセスはスタッフの一体感にもつながる。 |
| 危険を回避するための物品 | 必要に応じて、スロープ、杖を置く場所、雨の日に滑らないための足ふきマットなどを準備する。 |
| その他必要な物品 | ごみ袋、文房具、メモ用紙など。 |

## Q6 運営資金はどのくらい必要ですか。また、どのように集めたらよいのでしょうか

　認知症カフェを継続的に運営していくためには、会場費、初期費、運営費が必要になります。認知症カフェは、営利を目的にしている訳ではないので儲けを出す必要はありません。しかし、マイナスになった部分を主催者自らが負担する運営体制は認知症カフェの継続性を考えると、避けたほうがよいでしょう。

### ● 全体にかかる費用

　認知症カフェが国家戦略として位置づけられてから15年以上経過しているオランダでは、各カフェの運営費のほとんどは、国の予算とアルツハイマー協会が獲得する多額の寄付で賄われています。当然、会場費も含みます。一方、約7年が経過しているイギリスの場合は、主催する団体やNPOが、各種財団からの助成や寄付を得て運営しています。そのため会場の選定には苦労しているようです。教会の集会所やシルバービレッジ（高齢者の集合住宅）の共有スペースなどを使用することで、会場費を節約しています。

　日本の場合は、国が認知症カフェの開催を推奨しているものの予算措置はなされていません。したがって運営資金に関する事情は地域によって異なっていて、県や市町村から運営資金の補助を受けているところや各種財団から助成を受けているところ、参加費でまかなっているところなどさまざまです。助成が受けられれば運営は成り立ちますが、それがいつまで継続するかわからないという点では不安定であり、いずれ自立的に運営することを視野に入れなければならないでしょう。

### ● 場所にかかる費用

　認知症カフェの開設・運営においてもっともお金がかかるのは、初期の物品購入と会場使用にかかわる費用です。会場費によっては運営が厳しくなっている認知症カフェもあるので、まずは会場の使用料金を検討する必要があります。

　次ページの表と図で、日本で開催されている認知症カフェの会場の例を雰囲気と費用の面から整理してみました。

# 1 • 開設の準備

**会場別の特徴**

| 会　場 | よいところ | 工夫が必要なところ |
|---|---|---|
| 役所などの公的な会議室 | 比較的安価 | 事務的な雰囲気 |
| 介護施設などの地域交流スペース | 無料 | 場所が「介護施設」なので行きたくないと感じる人もいる |
| 公民館や自治会館 | 比較的安価 | カフェ的な雰囲気ではない |
| 障害者就労継続支援B型事業所のカフェや食堂 | 比較的安価でカフェ的な雰囲気のある場所もある | 認知度・知名度が低い。進んで行きたくないと感じる人もいる |
| コミュニティ・カフェなどの貸しスペース | 比較的安価でカフェ的な雰囲気のある場所もある | 認知度・知名度が低い |
| 大学や専門学校のカフェ | 比較的安価でカフェ的な雰囲気もある | 協力が得られるかどうか交渉が必要 |
| 実際のカフェ | 雰囲気がよい | 使用料・使用時間の交渉が必要 |

**認知症カフェの「雰囲気」と使用料金**

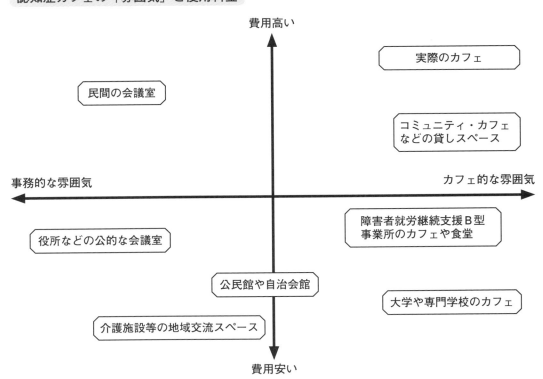

## ● 参加費

　参加費は、100～300円くらいで実施しているところが多いようです。認知症カフェのゆるやかな時間を演出するために、飲み物やお菓子を提供することに異論はないでしょう。ただ、いざ「開設しよう」という時には、何を出せばよいのか、有料か無料か、有料の場合、値段はどうすればよいのかなど、さまざまな疑問が生じます。重要なのは、飲み物やお菓子には、毎回、費用が発生することを考えてマネジメントすることです。

　参加費が100円でもコーヒーを豆から挽き、本格的なドリップコーヒーを提供しているところもあれば、インスタントコーヒーのところもあります。参加費が無料のところでは、運営している事業所や法人の負担で飲み物を出しているところや協力金形式で運営しているところもあります。参加費が無料または低額でも、参加者が多い場合には、余裕のある運営ができています。利益を出すことが目的ではないので、参加しやすく、運営が成り立つ金額を考えてみましょう。

　いずれにしても、参加費の設定は主催者などの自己負担によるところがないよう工夫が必要です。下の表は、認知症カフェの平均的な参加費とメニューです。

平均的な参加費とメニュー

| 参加費 | 飲み物やお菓子の種類 |
|---|---|
| 500円 | 飲み物：コーヒー、紅茶、日本茶 など<br>お菓子：日替わりのケーキ |
| 300円 | 飲み物：コーヒー、紅茶、ココア など<br>お菓子：本格的な手作りお菓子、生菓子 など |
| 200円 | 飲み物：コーヒー、紅茶、昆布茶 など<br>お菓子：簡単なお茶受け、数回に1回はケーキなどを提供するカフェもある |
| 100円 | 飲み物：コーヒー、紅茶、ココア、抹茶 など<br>お菓子：クッキーや簡単な市販のお菓子 など |
| 無料 | 飲み物：コーヒー、紅茶 など<br>お菓子：市販のお菓子 など<br>※お菓子だけ有料のところ、無料ではあるが箱を置いて任意で協力金を募る方式のところもある |

# 1 ● 開設の準備

> **コラム**　認知症カフェの参加費
>
> 　筆者らが企画した認知症カフェ「土曜の音楽カフェ♪」(宮城県仙台市、2015年11月オープン)は、完全なオランダ方式で行いたいという思いから参加費無料で企画をしていました。オープンに向けて、開催から約2か月前にまず、認知症カフェの意義を知ってもらうために町内会と地区社会福祉協議会の皆さんに、認知症カフェとは何かという説明会を開きました。そこで、参加費用が「無料」であることを説明し、最後に質問を受けたときのことでした。スッと手を挙げた女性が「参加費はもらったほうがいいのではないか」と言いました。するとほかからも「そうだね、無料だと遠慮してしまうよ」「少しでももらったほうがいい」という意見が出始めました。そこで私が「いくらぐらいがいいでしょうか」と聞くと、みな「うーん」とうなっていました。「では、まずは無料で始めて、そこから募金箱のようなものを置きましょう。その額をみてから値段を決めていくという方法ではいかがでしょう」と提案しました。そして「募金箱」というのも少しニュアンスが異なるので「協力金」とすることで一致しました。参加費の設定は、いろいろな思いや背景があるので難しい問題ですが、それを決めていくプロセスも地域で認知症カフェを育てていくためには必要なことかもしれません。

「土曜の音楽カフェ♪」の会場内の様子。毎回50～70人が参加している

入口近くにおいた募金箱。参加者は1人100円程度入れてくれている

## Q7 地域の人への理解はどのように得たらよいでしょうか

認知症カフェは、一般にはまだなじみが薄く、名称から内容を想像しにくいこともあって、簡単には理解が得られない可能性があります。そのため、地域の人の理解を得るには、まずは主催者が目的を明確に説明できなければなりません。

### ●目的を丁寧に伝える

誰もが参加できる「オープンな認知症カフェ」では、地域に対して可能な限り間口を広く、敷居は低くすることを考えましょう。「認知症カフェは、認知症の人しか参加できないものではありません。認知症についての理解を深め、たとえ認知症になっても地域でいつまでも暮らしていくことができるようにするためのものです」といった説明がなされることが大切です。認知症カフェは、「認知症の人だけのカフェ」という誤解があります。そのため「認知症のことを学ぶカフェ」「認知症の情報を得ることができるカフェ」であることを説明するとスムーズに受け入れてもらえるでしょう。

認知症カフェは、目的や内容を知らない人にとっては「得体の知れない集まり」に見えてしまいます。きちんと説明されなければ認知症に対する偏見を増長させてしまう恐れもあります。地域の人の理解を得て、積極的に参加してもらうことで、自然に認知症の人の居場所にもなり、認知症になっても安心して暮らすことができる地域づくりにも貢献できるのです。

### ●地域の組織に協力を求める

地域の人の理解を得るためには、認知症カフェは専門職や認知症の人、介護家族など、関係者だけの集まりではないことを理解してもらう必要があります。そのためには、まず、地域ですでに活動している団体や町内会に出向き、認知症カフェの目的や内容を説明して回ることが大切です。

地域には、地区社会福祉協議会や町内会福祉委員、民生委員などの組織があります。こうした団体の人に理解してもらうことで、回覧板の活用や案内掲示の提案、参加者となる人やその家族への声かけなどを積極的に行ってくれることがあります。幸いこれらの人は、すでに認知症サポーターであることも多いので、認知症カフェ

# 1 • 開設の準備

を認知症サポーターの活動の場として活用してもらうこともできます。

● 「本人・家族の認知症カフェ」の場合

「本人・家族の認知症カフェ」は予約制の場合がほとんどです。そのため地域の中で開催する場合は、地域の人に何が行われているかを説明しておくことが望ましいでしょう。

> **コラム** 「認知症カフェ」という名称
>
> 『「認知症カフェ」という名称を使うべきか悩んでいます』という相談を受けることがあります。その理由として「認知症」という名称を使うと、地域の人が「私はまだ認知症じゃないから」と言って参加しなかったり、認知症という病気に対する偏見があり、参加しにくくなるからという理由が多いようです。
>
> 認知症という呼称は、2004年に「痴呆」から変わった経緯があります。この経緯をふまえると、「認知症」に対する偏見は、呼称を変更しただけでは、本質的には何も変わっていないということになります。もしも「認知症カフェ」という名称を使いたいという思いがあるのならば、使ってみてはいかがでしょうか。その際に気をつけたいのは、「認知症の人のカフェ」ではなく、「認知症のことを学ぶカフェ」または「認知症について理解を深めるカフェ」であることを説明する必要がある点です。
>
> 専門職は、ぜひこの偏見と闘う勇気を持ち、「認知症カフェ」という場所からさりげなく発信してもよいのではないかと思います。

# Q8 開設・運営にはどのような役割の人が何人必要ですか

　認知症カフェの開催に必要なスタッフの人数は、カフェの規模に比例します。規模が大きくなれば必要な運営スタッフの人数も増加します。一方で、規模に関係なく共通して必要なのは、全体のとりまとめを行う人です。オランダではこの役割を「カフェコーディネーター」と呼んでいます。また、スコットランドでは「プロジェクトワーカー」、イングランドでは「認知症カフェコーディネーター」または「ファシリテーター」と呼んでいます。

　日本の場合は、特に呼称は決まっていませんが、企画・運営の中心的な役割を行う人が必ず必要です。名称を決めずに実施しているところが多いですが、名称を決めているところでも「店長」や「マネジャー」など呼称はさまざまです。

　そのほか認知症カフェの運営に携わるスタッフの人数は、目的や方法、内容によって異なります。

**中心的な企画・運営者の呼称**

| オランダ | イギリス | | 日本 |
| --- | --- | --- | --- |
| | スコットランド | イングランド | |
| カフェコーディネーター | プロジェクトワーカー | 認知症カフェコーディネーターまたはファシリテーター | 特に定まっていない |

第2章　認知症カフェの知りたいことがわかるQ&A

## 1 ● 開設の準備

**役割と人数の目安**

|  | 人数と役割 ||
| --- | --- | --- |
|  | オープンな認知症カフェ | 本人・家族の認知症カフェ |
| 企画者 | 1〜2人<br>既存のサロンや家族会、施設等で行っていた地域交流会などを発展させたり、地域交流スペースの有効利用の一環として開設したりする。施設長や地域包括支援センターの職員などが多い | 1〜2人<br>医師の場合は、患者の会に家族が同席する、介護保険施設等の場合は、家族会などに本人が同席する等から発展することが多い |
| 運営スタッフ（運営ボランティア） | 4〜5人<br>場所の選定、協力者への声かけ、ボランティアの募集、企画会議の開催、必要な備品の準備、開催案内やリーフレットの準備と配布、記録や評価のとりまとめと分析、スタッフミーティングの開催、スタッフへの研修などを行う | 4〜5人<br>主催する機関や施設の職員が主となり実施。近隣の機関、事業所が集い運営を行う。また飲み物を淹れたりテーブルに運ぶ |
| 専門職ボランティア | 3〜10人<br>介護、医療、保健、福祉等の関係する専門職であり、医師、看護師、保健師、社会福祉士、介護福祉士、作業療法士、理学療法士、研究者など多様<br>会話を促進させる、または一緒に楽しむ役割を担う | 3〜15人<br>参加者と専門職が1対1になるように専門職を配置しているところでは、参加者の人数に比例して多くなる<br>各テーブルで会話の進行を行ったり、相談にのったりする |
| 地域ボランティア（カフェボランティア） | 10〜20人<br>参加者や会場の規模によって異なる。キッチンスタッフとして飲み物を淹れたり、フロアスタッフとして飲み物を配る | 日本では、地域のボランティアは参加しない |

## Q9 専門職の役割は何ですか

● **運営ボランティアと専門職ボランティア**

　専門職は企画・運営者であり参加者でもあります。認知症カフェに参加する専門職には、その役割を明確に理解してもらうことが大切です。運営に携わる専門職（運営ボランティア）と参加する専門職（専門職ボランティア）では役割が異なります。まず、運営にかかわる専門職は、認知症カフェの企画・運営が主な役割で、全体の時間の流れの管理、ボランティアの募集やコーディネート、研修を行うことで認知症カフェを意義あるものにするための役割があります。

● **話を聴いて、つなぐ**

　認知症カフェに参加する専門職は、多様な専門職で構成されていることが望ましく、認知症カフェの目的を達成するために必要なスタッフです。参加者と自然な会話をするなかで、在宅生活の現状や不安感、悩みを聴いて相談に乗ること、また学びを深めるために一緒に考えること等の役割を担います。介護相談コーナーや個別相談の場面を設けるのであれば、介護者の悩みを聞いて解決策を提案したり、専門機関につなぐ役割を担うことになります。

　ただし、医師や看護師がここで診断をしたり、ケアマネジャーがここでケアプランを作成したりすることはありません。家族や認知症の人は、それを望む場合があるかもしれませんが、認知症カフェはあくまで早期支援に結びつけるための場です。つまり、在宅介護を担う介護家族にとって専門職からの情報提供や情緒的な支援が得られる場であり、介護や医療サービスにつながる場であるのです。

● **ネットワークづくり**

　運営ボランティアや専門職ボランティアではなく、一般の参加者として参加する専門職もいます。こうした人は、認知症カフェを他の専門職との交流の場、ネットワークや仲間づくりの場として活用することができます。「オープンな認知症カフェ」は、自由で創発性をもった空間なのです。

# Q10 専門職がいなくても運営できますか

## ● 介護・医療・福祉等の専門職が必要

　サロンや出張デイサービス、家族会など、認知症の人や地域の人を対象にした集まりはこれまでもいくつか行われていました。そこに「認知症カフェ」という新たな集いの場が加わりましたが、それらとの違いがわかりにくいという人もいるのではないでしょうか。看板だけ掛けかえればよいと思っている人も多いようです。認知症カフェがこれまでの集まりと大きく異なる点は、介護、医療、福祉等の専門職がかかわり、認知症をテーマとした集まりであることです。つまり、専門職がいない集まりや認知症介護に必要なサービスにつながらない集まりは「サロン」という位置づけで運営するほうがわかりやすいかもしれません。そのような場ももちろん必要です。

## ● さまざまな職種、複数の事業所の専門職のかかわり

　繰り返しになりますが、認知症カフェの大きな目的は、認知症の人や介護家族ができるだけ早く支援につながる場となることです。したがってさまざまな職種の専門職がいることがより望ましく、さらにその地域にある複数の施設・事業所の専門職がかかわることで、地域全体に認知症支援の輪が拡がることが期待できます。

## ● 認知症カフェの専門職

　日本では「認知症カフェの専門職」は存在しません。現状では、実施主体の特徴により、かかわる専門職に偏りがあります。例えば、病院の患者の会から始まったところや医療法人がかかわっているところには医師がいます。一方で、社会福祉法人が主催しているところには社会福祉士や介護福祉士、ケアマネジャーが多くいます。ただし、いずれも「認知症カフェの専門職」というわけではなく、別の仕事をしながら参加しています。

　オランダでは、「カフェコーディネーター」「ディスカッションリーダー」などのアルツハイマー協会の専門職があります。スコットランドでは「プロジェクトワーカー」という名称で教育・研修を受けたアルツハイマー協会の専門職が存在します。オランダもスコットランドもこれらの専門職がコーディネートを行い、地域の事業所の専門職がボランティアとして集い、運営しています。

## 認知症カフェに参加する専門職の特徴

| | |
|---|---|
| 医　師 | 認知症の病状などについて家族や本人の相談を受けて助言を行う。認知症カフェの場では診察や診断を行わない |
| 看護師・准看護士 | 健康管理や看護方法についての相談を受け、助言する |
| 社会福祉士 | 介護保険制度や財産管理などについて相談を受け、助言する |
| 介護福祉士 | 身体介助や認知症の介護の方法について相談を受け、助言する |
| 介護支援専門員（ケアマネジャー） | 介護保険サービスの利用方法や経済的負担の軽減などの相談を受け、助言する |
| 作業療法士 | 若年性認知症などでは、特に記憶を助ける方法などの助言が役立つ |
| 理学療法士 | 介護家族に対する介助方法の指導や高齢者に対する身体機能の低下を防ぐための在宅での運動の指導などを行う |
| 臨床心理士 | 家族や本人のストレス解消のための心構えや工夫、リフレッシュの方法などの助言・指導を行う |

地域の専門職スタッフ。プログラムが終わると皆でビールやワインで交流を深める（オランダ）

# Q11 ボランティアの役割は何ですか

● **認知症カフェはボランティアが運営する**

日本における認知症カフェは、現段階ではインフォーマルサービスに位置づけられています。したがって自治体で予算化・運営され、運営スタッフが「業務」として配属されている場合を除いて、企画・運営はすべてボランティアで成り立っています。

● **運営ボランティア**

運営ボランティアは、認知症カフェの企画や当日の進行、広報など運営にかかわる中心メンバーです。主催団体や開設に携わったメンバーが担うことが多く、「運営スタッフ」ということになります。厚生労働省が定めた、地域の介護、医療、住民をつなぐ役割を担う「認知症地域支援推進員」は、行政や地域包括支援センター、認知症疾患医療センターなどに配置されており、認知症カフェの推進を担う役割があります。また、厚生労働省が定める研修を修了した「認知症介護指導者」を筆頭に、認知症の介護、医療、看護などの専門的知識を有していることが求められます。

● **専門職ボランティア**

専門職ボランティアは、認知症カフェの中で、参加者である認知症の人や介護家族、地域住民と積極的にかかわり、会話を楽しみながら、会話を促進させたり、時には簡単な相談に応じたりします。認知症カフェに関心のある、近隣地域の施設や事業所の専門職が担うことが期待されます。専門職ボランティア同士の交流により情報交換をすることもあります。また、専門職ボランティアは参加者のひとりでもあります。

● **カフェボランティア**

カフェボランティアは、場合によっては他のボランティアスタッフが兼務することもあります。認知症カフェでは、話しやすくリラックスできる雰囲気をつくるために、コーヒーや簡単なお菓子などは重要なアイテムです。温かい飲み物を準備し、提供することがカフェボランティアの役割です。イギリスの「本人・家族の認知症

カフェ」、オランダの「オープンな認知症カフェ」では、地域住民がこの役割を担っています。日本でも「土橋カフェ」（P138参照）や「思い出カフェ」（P163参照）などでは地域住民のボランティアが担当しています。

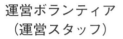

運営ボランティア
（運営スタッフ）

企画者、発案者
認知症地域支援推進員
認知症介護指導者など

専門職ボランティア

近隣地域の
施設職員など

カフェボランティア

地域住民や元介護者

● 認知症の人
● 介護家族
● 地域住民

# Q12 ボランティアはどのように集めたらよいでしょうか

### ●ボランティアを集める方法

ボランティアを集めるには次の方法が考えられます。第1に、専門職以外の人で認知症のことをあまり理解していない人を教育し、ボランティアとして育てる方法です。第2に、認知症のことを理解し、すでに活動している団体や個人に声をかける方法、第3としては、介護の専門職にボランティアになってもらう方法があります。

ボランティアを募集するといっても、地域にはさまざまな団体があり、どこの誰に声をかけてよいのか難しさを感じるところです。ボランティアは誰でもよいわけではなく、認知症のことを理解している人、認知症カフェの主旨に賛同した人を集めなければなりません。

### ●地域住民のボランティア

新たにボランティアを育てる方法では、認知症について理解することから始める必要があります。認知症カフェは、認知症の人と介護家族が安心して参加できる場をつくることが求められるので、基本的な知識やコミュニケーションの方法を学ぶ必要があります。地域包括支援センター等と協力し、認知症サポーター養成講座を実施すると効果的です。また、認知症カフェは、早期支援に結びつけることも大切な目的なので、できるだけ身近でその地域のことを知っている地域住民のほうが望ましいでしょう。町内会やその地区の社会福祉協議会の人に相談してみるとよいでしょう。

### ●地域のNPO等、団体のボランティア

すでに認知症のことを理解している地域の団体や個人に声をかける方法では、民生委員児童委員協議会、地区社会福祉協議会、連合町内会が有効です。これらの団体では、すでに認知症サポーターになっている人も多いので認知症については比較的理解しています。気をつけたいことは、それぞれの団体の力関係が存在しているので、誰にどの順番で声をかけるかを検討する必要があります。このあたりは地域包括支援センターの職員の経験と知識を活用するとスムーズに進むでしょう。

認知症について理解していても、介護家族についての理解が十分でなかったり、「認知症カフェ」と「サロン」の違いについてはほとんど理解されていないことを前提に丁寧に説明していく必要があります。

● **介護の専門職のボランティア** ------------------------------------

介護の専門職に声をかける場合は、多職種、多施設・事業所の職員で構成されるよう幅広く声をかけることが望ましいでしょう。専門職ボランティアは、本人や家族の相談相手になったり情報提供をする役割があり、認知症カフェを運営するうえでは欠かせません。これらの人は、認知症カフェに参加し体験する中でその意義を学ぶこともできるはずです。

スコットランドでは、「ボランティア・コーディネーター」という役割を担う人がいます。この人はボランティアを集め、適性を判断し、教育をする役割があります。また、ボランティアの募集はアルツハイマー協会が行います。こうした方法は日本でも今後、必要になると思います。

次ページの表は、スコットランドで用いられているボランティア希望者に対するインタビューシートです。「ボランティア・コーディネーター」がボランティア希望者に対して面接を行う際に使用します。

地域住民のボランティア。このカフェのボランティアは元介護者が中心（スコットランド）

## 1●開設の準備

### ボランティア希望者へのインタビューシート(スコットランド)

| ボランティア希望者の名前: | インタビュー実施者の名前: |
|---|---|
| **ボランティア希望者への質問** | **インタビュー・メモ** |
| 自己紹介し、メモを取ることを説明する | |
| 『認知症カフェのボランティアになることに興味を持つようになった理由は何ですか?』 | |
| 『認知症についてあなたが理解していることについてお話しください。また、あなたが理解していることは、認知症の人にどのような影響を及ぼすと思いますか?』 | |
| 『認知症の人やケアラーの人とかかわる仕事やケアの経験はありますか? ある場合は、その内容についてお話しください。』 | |
| 「ない」場合:『認知症の人が、自分が飲みたいものが何か、あなたに伝えることが出来ない場合、あなたはその人にどのように対応すると思いますか?』 | |
| 『認知症カフェで誰かが怒っていたり、フラストレーションを抱えていることに気づいた際、あなたは何ができると思いますか?』 | |
| 『認知症の人は、転倒したり、持っているものを落としたりするかもしれません。認知症カフェでこうした問題が起きないようにするために、あなたは、どのようなサポートをしますか?』 | |
| 『認知症カフェでボランティアをすることや、ケアラーや認知症の人と活動するうえで、知っておくべきことについて考えたことはありますか?』 | |
| 『研修を受けていただくことになりますが、ご賛同いただけますか? フォローアップ研修も適宜あります。それにも参加できますか?』 | |
| 紹介状が必要となることを説明する。 | |
| 『インタビューにお越しいただき、ありがとうございました。何か質問はありますか?』『結果については追って連絡し、ボランティアとして協力していただく場合、スタート日について相談させていただきます。』 | |

*DEMENTIA CAFÉ TOOLKIT -A GUIDE TO SETTING UP A DEMENTIA CAFÉ- Alzheimer Scotland

## Q13 運営に携わるスタッフにはどのような研修が必要ですか

　運営に携わるスタッフの研修では、認知症の人と介護家族についての理解を深めることが基本です。認知症カフェは新しい取り組みです。したがって、運営に携わるスタッフの研修を大切にしましょう。研修の内容は、それぞれの認知症カフェの目的によって異なりますが、共通して求められる「資質」と、事前に理解しておきたい内容は同じです。以下を参考にスタッフの教育・研修の内容を考えてみてください。

#### スタッフの研修内容の例

##### スタッフの資質

- 認知症について理解し、認知症の人と家族を支える姿勢を持つ。
- 家族の介護負担感を理解し、負担軽減に向けてさりげないかかわりができる。
- 誰もが受け入れられる雰囲気をつくり、参加者をもてなすことができる。

##### 認知症の理解

- 認知症についての基本的な理解。内容は認知症サポーター養成講座で実施する程度でよいが、特にコミュニケーションの方法、環境づくりの重要性の理解などは必須である。
- 「認知症の人は何もできない」といった誤解や偏見をなくすための教育が必要。そのためには、認知症の予防や原因の話だけではなく、何に困り、何を必要としているのか、「不可解な」行動の原因は、周囲の人のかかわりや環境によって出現することを理解する。

##### 介護家族の理解

- 介護家族について『国民生活基礎調査』の結果などから現状や課題を把握する。
- 介護負担感や介護者の心理を理解し、求められる支援について考える。
- 介護家族は誰もがストレスを抱えており、そのストレスを吐き出す場所がないこと、周囲の理解によって介護サービスにつながることを理解する。

## 1 • 開設の準備

> **認知症カフェの意義と目的**
> - 認知症カフェの目的やルールを共有する。
> - なぜ認知症カフェが必要なのかという意義を理解する。
> - 認知症カフェの環境（トイレ、手すり、案内、机や椅子、飲み物、キッチンなど）について、認知症の人や高齢者に配慮した工夫の仕方を学ぶ。
> - 誰のための認知症カフェなのかを理解し、意識しなければ、参加者は次第に集まらなくなることを理解する。
> - 認知症カフェにおけるボランティアの役割を明確に理解する。

＊Bere Miesen and Gemma M.M.Jones. "The Alzheimer Café concept-A response to the trauma,drama and tragedy of dementia-.Care-Giving in Dementia. Research and applications Volume3.2004. を参考に作成

　研修は、認知症カフェの目的によって、内容を工夫していくことが必要です。運営をしていくと、忙しさから、自分たちの認知症カフェを客観的に見ることができなくなってしまいます。時々は他の地域の認知症カフェを見学すると、認知症カフェの雰囲気を客観的に感じることができ、新たな発見をするきっかけになります。また、認知症カフェは、多くの人が継続的に出入りすることをめざしますが、そのためには雰囲気や空気感をつくりだすセンスが必要です。センスは、多くの認知症カフェを見ることでのみ養うことができるのです。

　歴史のあるオランダやイギリスの認知症カフェでは、元介護家族で「認知症カフェによって救われた…」という人たちが運営に携わっています。このような人たちは、すでに意義や目的を理解しているので、特に研修は必要ないかもしれません。日本でも歴史を重ね、認知症カフェにたずさわるスタッフが、脈々とつながり、広がっていくことが望まれます。

**コラム** スコットランドの「カフェボランティア」の育て方

　スコットランドの多くの認知症カフェは、スコットランドのアルツハイマー協会のスタッフとボランティアによって運営されています。

　ボランティアは、参加者にあいさつし、コーヒーや紅茶、軽食を出したり、その後片付けをするだけでなく、地元のコミュニティと認知症カフェの参加者をつなげるうえで、大きな役割を果たしています。ボランティアは地元のニュースやイベントに関する話題を認知症の人と話したり、時には地域の共通の知人を見つけたりするうえで欠かせないと考えられています。

　ボランティアの募集は、スコットランドのアルツハイマー協会が行い、研修の機会も提供しています。ボランティア希望者には、事前に聞き取り調査を行い、どの程度認知症の知識や介護技術を持っているかを評価し、ボランティアとして適切かどうかを判断しています。研修機会は、オンライントレーニングやDVD教材も準備されており、Social Care Institute for Excellence (SCIE) のサイト（www.scie.org.uk）にある認知症ゲートウェイで、受講することもできるようになっています。

ボランティア育成のための研修内容

|   | 科目名 | ねらい |
|---|---|---|
| 1 | 認知症について | a) 認知症という病気について理解を深める。<br>b) この病気が個人に及ぼす影響：身体的、心理的、感情的、社会的側面のいくつかを理解する。<br>c) 認知症をとりまく社会的通念と事実を区別するようになる。 |
| 2 | 認知症の人について | a) 自分の考えを話す機会を持つと同時に、他の参加者から学ぶ機会を持つ。<br>b) 認知症の人や介護家族とコミュニケーションをとるためのスキルを身につける。<br>c) 認知症カフェで認知症の人や介護家族をサポートする際に、自分たちが果たすべき役割について理解を深める。 |
| 3 | 環境について | a) 認知症カフェがどのように機能しているかを理解する。<br>b) 認知症カフェでの行動目標を作る。<br>c) 認知症の人を支援する環境について調整できる。<br>d) 認知症の人と介護家族を惹きつけるようなPRプランを作る。 |

## Q14 参加者の事故やけがに備えた保険は必要ですか

● リスクの予測と対応の準備

　参加者の事故やけがに備え、できるだけ保険に入りましょう。認知症カフェを運営するうえで主催者には、事故やけがなどのリスクを予測し、対応について準備する責任が伴います。認知症カフェを運営するなかで予測できるリスクには、転倒ややけど、自動車で参加した場合の事故などが考えられます。例えば、「コーヒーをこぼしてしまい、参加者がやけどしてしまった」というような事態は十分に考えられますので、特に気をつけたいところです。

● 「行事保険」などの活用

　このようなリスクに対する保険としては、一般の保険会社では1人当たり1日100～300円程度でかけることもできます。しかし、認知症カフェでは、これだけで参加費を越えてしまうことになりますのであまり現実的ではありません。例えば、社会福祉協議会では、「行事保険」を代行して取り扱っていることがありますので相談してみるとよいでしょう。認知症カフェのような行事であれば、1人30円程度から加入することができます。また、民間の保険会社でも同様の保険を1人10円程度から扱っていることもあります。ただし、このような保険を利用する場合は、参加者名簿を求められることがあります。予約制ではない認知症カフェには適用されない場合もあるので、事前に相談をしてみてください。

　いずれにしても、事故の可能性を常に想定し、主催者には、安全管理義務があることを認識しておきましょう。

## Q15 認知症カフェとサロン等との違いは何ですか

### ● 認知症カフェとその他の地域の集まり

認知症カフェとサロン、デイサービス、家族の会との目的、方法、場所などの違いについて表にまとめてみました。明確な線引きは難しいところではありますが、対象者は明らかに異なることがわかります。

認知症カフェとサロン等との比較

| | 対象者 | 立地 | 行うこと | 目的 |
|---|---|---|---|---|
| デイサービス | 要介護認定者 | 介護保険事業所 | 食事、入浴、レクリエーションなど | 社会的孤立防止、心身機能の維持 |
| 家族の会<br>介護者交流会 | 家族介護者 | 会議室など | 相談、情報交換など | 介護負担軽減、ピアカウンセリング |
| いきいき<br>サロン | 一般高齢者が中心 | 公民館・自治会館など | おしゃべり、体操、講話など | 住民交流、地域づくり |
| 認知症カフェ | 認知症の人と介護家族 | 施設・事業所や公民館など | おしゃべり、レクリエーションやプログラム | 認知症の人と家族の居場所づくり |
| | 認知症の人、介護家族、地域住民、専門職など誰でも | 可能な限り開かれた場所 | 講話とそれについての討議や情報交換 | 認知症を学ぶ、専門職と出会う、認知症の理解 |

### ● 大きなちがい

大きく異なる点は、認知症カフェでは、認知症のこと、介護のことなどがテーマになることです。そして、必ず認知症や介護の専門職が運営に加わっており、それによってこれまでサービスにつながりにくかった人がつながっていくことを目指していることです。

### ● 雰囲気づくり

小さな違いかもしれませんが、認知症カフェは、カフェ的な雰囲気を大切にしています。そのため、音楽やしつらえ、対応、プログラム展開などに工夫が必要です。

## 2・運営上の工夫

## Q16 開催時刻や開催時間について教えてください

### ● 参加者が参加しやすい時間に

　まずは参加対象者が参加しやすい時間を考えます。認知症カフェにとって開催時刻や開催時間はとても大切な要素です。開催時刻や開催時間は、「誰に参加してほしいのか」というそのカフェの目的によって異なります。

　例えば、オランダの「オープンな認知症カフェ」は、介護家族や認知症の人が暮らす地域の人、地域の認知症ケアにかかわる専門職の「ゆるやかな学びの場」「出会いの場」として機能しています。したがって、仕事が終わってから参加しやすいようにと、17時半以降の開催がほとんどです。少数ですが平日の昼間に開催している認知症カフェもあります。

　イギリスの「本人・家族の認知症カフェ」は、「初期の認知症の人の孤立防止」と「介護者の支援」を目的としている場合が多く、平日の昼間に開催しているところが多くみられます。参加者のほとんどが認知症の人または高齢者なので、昼間のほうが参加しやすいのです。昼間、家族がいない家庭には、リンクワーカー*が送迎を行ってくれることもあります。

＊リンクワーカー：認知症と診断された直後から1年間、スコットランドのアルツハイマー協会から無料で派遣される。早期支援を目的として、必要な制度や社会資源と結びつける役割を担う。

### ● 目的から「時間」を考える

　日本では、昼間に開催する認知症カフェが多い傾向があります。この場合、参加者は「働いていない人」が多くなります。一方で、「みたか夕どきオレンジカフェ」（P144参照）など、夜の部を設けて認知症カフェを開催しているところもあります。また働いている人が参加しやすいように土曜日や日曜日に開催している認知症カフェもあります。

　さらに「コーヒー1杯分の料金でモーニングサービスが付く」という喫茶店文化がある名古屋では、朝8時半から開催される認知症カフェもあります。いずれにしても、目的を明確にすることで開催時刻、開催時間が決まってくるのです。

　また、認知症カフェを継続していくには、ボランティアや運営スタッフにとって無理のない時間を設定することを考えましょう。ちなみに、オランダの認知症カフェ

は、金・土・日曜日は開催されません。金曜日は友人とお酒を楽しく飲む時間だから、土曜日・日曜日は家族と過ごす時間だからというのがその理由だそうです。運営スタッフやボランティアが無理をしてしまうと雰囲気が悪くなり、結果的に「敷居」を上げることになってしまうのです。

**開催時間の違いによる特徴**

|  | 平日昼間 | 休日昼間 | 夜間 |
|---|---|---|---|
| メリット | ●認知症の人が参加しやすい<br>●認知症の人の孤立防止につながる<br>●地域の高齢者が参加しやすい | ●参加者の時間がとりやすい<br>●日本の文化にあっている<br>●認知症の人と家族の居場所づくりに役立つ | ●仕事をしている人が参加しやすい<br>●多様な専門職が集える<br>●雰囲気がよい |
| デメリット | ▲仕事をしている人は参加しづらい | ▲スタッフの休日が犠牲になる<br>▲場所が限定される | ▲高齢者が参加することがむずかしい |

夕方から始まる認知症カフェ。会場は参加者でいっぱい（オランダ）

落語を通した消費者被害の防止講座。こちらも会場はいっぱい（土橋カフェ）

## Q17 開催頻度はどのように考えたらよいでしょうか

### ●目的に合った頻度

　目安は月に１回、運営スタッフの負担にならない範囲で定期的に開催しましょう。認知症カフェの開催頻度は、多ければ多いほどよく、少ないことは悪いという訳ではありません。また、今のところ認知症カフェは、公的な制度の下に、公的資金で運営されているものではないため、基準となる頻度が決められている訳でもありません。したがって、もっとも大切なことは、目的を明確にして、その目的を達成するために主催者側が負担にならない範囲で行うことなのかもしれません。

　例えば、認知症カフェを毎日もしくは週に3、4回有料で開催し、食事を提供した場合、これは認知症カフェというよりも認可外のデイサービスのようになってしまう恐れがあります。そうなると、介護保険でデイサービスを利用するほうが利用者にとって安心感が生まれます。

　イギリスでは、週に何度もまたは月に何度も認知症カフェを開催しているところがありますが、これは寄付金を用いて無料で行っています。オランダでは、月に1回と決められていて、できるだけ多くの認知症カフェが効率的に開催されるように計画し、結果的に毎日のようにどこかで認知症カフェが開催されているという環境を整えています。

### ●地域のサービスの入口としての役割

　日本では、認知症カフェの基準が各自治体で作られようとしている状況です。その際にどの程度の頻度が望ましいのかが明記されていくことでしょう。認知症カフェは、まだ介護保険サービスなどを利用する段階ではない初期の認知症の人や介護保険サービスになじまない人にとって大切な社会資源となる可能性があります。そのような人や介護家族にとって、認知症カフェが介護サービスへの入口として機能することも意識すると、やはり「定期的」であることが大切で、月1回は開催されることが望ましいでしょう。

# Q18 予約制にしたほうがよいでしょうか

## ● 予約制のメリットとデメリット

「オープンな認知症カフェ」では「予約なし」をめざしてみましょう。「予約が必要」になることで、少し「敷居」が高くなってしまう可能性があります。実際のカフェや喫茶店を利用する場合を考えてみると、予約が必要なカフェや喫茶店だと、それだけで私たちは少し尻込みしませんか。ただし運営スタッフの立場からすれば不安が残ります。「もしも誰も来なかったらどうしよう」「たくさんの人が来てコーヒーやお菓子が足りなくなったらどうしよう」「会場に入りきらなかったらどうしよう」という不安です。

## ● 失敗を成長のきっかけにする

オランダの認知症カフェは「オープンな認知症カフェ」なので、どこも予約はいりません。しかもオランダでは、サンドイッチを用意することがあるため、準備したものが余ってしまうことが往々にして起こります。余ったサンドイッチはボランティアがもらうそうです。また、人が集まりすぎてしまうこともありますが、その際は次回以降に場所を変えることを話し合います。人が集まらないときも同じで、場所を変えるか方法を変えるかをすぐに検討します。新しいことに失敗はつきものですが、それをすぐに回復する柔軟さが大切なのです。失敗は、認知症カフェの成長と成熟の力になるはずです。

現実的には、認知症カフェの開始直後や初期は、状況を把握するために予約制が必要な場合もあるかもしれません。それでもいずれは「予約なし」で開催することを目指しましょう。

オランダのカフェは予約なしだが、どこも会場はいっぱいに（オランダ）

予約はないが入口で受付を行っているカフェ（思い出カフェ）

## 2 • 運営上の工夫

### ●「予約なし」で開催するための工夫

　予約を取らずに認知症カフェを開催するための工夫として、先々の開催予定日をあらかじめ示したプログラムを参加者に渡しておく方法があります。はじめて参加する人の多くは、過去の参加者やケアマネジャーなど専門職からの紹介によって参加を決めています。一度参加した人が次回、他の人を誘いやすいように、以降の開催日時やミニ講話の内容がわかるプログラムを用意しておくとよいでしょう。

　「誰も来なかったらどうしよう…」という不安を軽減するためにもっとも有効な方法はインターネットによる情報提供です。インターネット上に認知症カフェの情報を掲載する際には、認知症カフェの目的を明確に示すことが望ましいでしょう。目的が明確でなければ参加者は不安になります。「おいしいコーヒーを飲みながらお話をしましょう」「ゆったりとしたひと時をすごしましょう」だけでは不十分です。具体的に何が行われているのかが明確に示されているほうが安心して参加することができるのです（P57参照）。加えて、わかりやすい地図と連絡先の電話番号があるとよいでしょう。

手作りのハムサンドとチーズサンドはなんと無料！（オランダ）

カフェボランティアが飲み物やサンドイッチを自然な雰囲気で勧めてくれる（オランダ）

## Q19 テーブルや椅子の配置で気をつけることはありますか

● 座席を選べることと移動しやすいこと

　実際の喫茶店やレストランのスタイルを考えてみてください。テーブルは何人掛けが多いでしょうか。多くの喫茶店は最大4人です。ファミリーレストランでは6人掛けのテーブルもみられます。この違いはお客さんの層の違いです。喫茶店は少人数で休憩や会話を楽しみに来ますが、ファミリーレストランは家族が食事に訪れます。では、認知症カフェはどうでしょう。認知症カフェは本人と家族などの少人数で訪れることが多い場所です。したがって、あまり大きなテーブルではないほうが望ましいでしょう。ただし、そこに専門職が加わったり他の参加者と交流を深めたりということがあるので、あまり大きすぎないテーブルで、自由に移動できる配置を考えましょう。

　大きなテーブルが1つ置いてあって、「どこでも好きな場所に座ってください」と言われても戸惑ってしまいませんか。窓側、出入口の近く、トイレの近く、静かな場所などいくつか選択肢があって自分で選べると安心できます。また、大きなテーブルと小さなテーブルがある会場では、常連の人は大きなテーブルに座り、はじめての人は小さなテーブルに座るでしょう。座る場所を選べること、移動できるテーブルや椅子の配置を工夫することで、「敷居」の低い、入りやすい雰囲気になるのです。

小さなテーブルを囲みコーディネーターを中心に認知症の人と家族が談笑している（イングランド）

カフェらしい雰囲気の丸テーブルを囲み会話を楽しむ（オランダ）

## 2 ● 運営上の工夫

### ● 大きなテーブルがよい場合

「本人・家族の認知症カフェ」では、大きなテーブルで全員が顔を合わせて座るほうがよいという場合もあります。例えば、認知症の人のアクティビティを行う際は、全員で1つのテーブルを囲むほうがよいでしょう。また、家族が悩みを打ち明け合うような場面では大きなテーブルを囲むことでお互いの顔が見えて受容感が生まれます。イングランドの認知症カフェでは、当初は「オープンな認知症カフェ」のスタイルで行っていましたが、認知症の人の希望で1つのテーブルで開催するようになったところがいくつもあります。

1つのテーブルを囲んでミュージックビンゴを楽しんでいる（イングランド）

普段はカフェスタイルだが、参加者が少ないときは、1つのテーブルを囲むことも（オランダ）

## Q20 インテリアや音楽（BGM）について教えてください

### ●落ち着いて話ができるように

　インテリアやBGMは、心が和む、会話が弾むことを意識して考えてみましょう。テーブルの花、心が和む雑貨、座り心地のよい椅子、柔らかな光、快適な温度、穏やかな雰囲気など、落ち着いて話をすることをめざす認知症カフェでは、何よりもこうした環境づくりが大切です。会議室で行えば会議のような雰囲気になりやすく、実際の喫茶店で行えばカフェのような雰囲気になります。

　気持ちが落ち着く環境、心が和み安らぐ環境、会話が弾む環境をつくるように工夫しましょう。実際に足を運んでみると、多くの認知症カフェでさまざまな環境づくりに取り組んでいることがわかります。認知症カフェを開催している場所が実際の喫茶店やカフェであれば、こうした環境は整っていることが多いのですが、費用の面からも実際の喫茶店やカフェで開催できない場合には、運営スタッフの工夫によって環境づくりを進めていくことが必要です。

　テーブルの上の花は、適度に相手から視線をそらすことに役立ちます。雑貨などは心を穏やかにさせたり、会話のきっかけになったりします。こうした「しつらえ」を認知症カフェにかかわるスタッフと一緒に考えてみましょう。

窓辺に何気なく飾られたアヒルの置き物（イングランド）

クラブチームのユニフォームが飾られているフットボールカフェ（スコットランド）

さりげなくテーブルに置かれた花がスムーズな会話を演出する（オランダ）

飾り棚に置かれたかわいらしいティーセット（スコットランド）

## 2 • 運営上の工夫

### ● 音楽の用い方

　認知症カフェの空間に音楽を加えることで全く雰囲気が変わります。音楽は見えないものですが、穏やかな時間や柔らかな空気を醸し出すことを大いに助けてくれます。オランダの多くの認知症カフェでは、ピアノやアコーディオンなどの生演奏が行われています。初期の認知症の人の支援を目的にしたイギリスの認知症カフェでは、音楽を用いたアクティビティが行われています。特に人気なのが、ミュージックビンゴと言われるもので参加者も大興奮です。そもそもイギリス人はビンゴが好きな人が多く、地域でも「夜ビンゴ大会」などが行われているところが多いことから、なじみ深いアクティビティのようです。

　音楽は雰囲気をつくるだけではなく、ミニ講話や情報提供とカフェタイム、またQ＆Aコーナーとカフェタイムなどを自然に区切る役目や、認知症カフェの始まりや終わりを告げる役目としても用いられます。音楽はカフェタイムの始まりをさりげなく告げる役割も果たすのです。

　気をつけたいのは、音楽は主役ではなく場の空気をつくる役割である点です。そのため、楽器選びは慎重にしたいところです。認知症カフェの会場にピアノがあればそれを利用するとよいでしょう。何もないところでは持ち運べる楽器を選ぶ必要があります。カフェタイムのBGMとして用いるのであれば、あまり高音の楽器ではなく、長時間演奏できる楽器がお勧めです。アコーディオンやクラリネット、ハーモニカ、サックス、ヴィオラ、チェロなど低音が美しい楽器で、また、クラシック、映画音楽など歌うことを目的にするのではなく、自然とくつろぐことができる選曲がおすすめです。

ボランティアのアコーディオン奏者。優しい音色が会場全体を包む（オランダ）

カフェタイムになると静かにピアノの音が流れ出す（オランダ）

# Q21 タイプ別の基本的な展開例を教えてください

　認知症カフェは、「カフェ」という場所でどのような時間を演出するかが大切です。では、「よい時間」とはどのような時間をいうのでしょうか。これは、認知症カフェの目的によって少し異なります。目的別に「オープンな認知症カフェ」と「本人・家族の認知症カフェ」の2つに分けて基本的な展開例を紹介します。

## ● オープンな認知症カフェ

　「オープンな認知症カフェ」は、認知症について学ぶことや専門職や地域の人と出会うことが目的になります。その目的を達成するためには、ある程度、仕掛けを作る必要があるでしょう。その1つが、プログラムとしてミニ講話や情報提供を入れることです。

### ミニ講話と参加者の交流を図る展開例

| 0　　　　　　　　30 | 　　　　　　　60 | 　　　　　　　90 | 　　　　120（分） |
|---|---|---|---|
| カフェタイム<br>徐々に参加者が集まってくる | ミニ講話<br>20～30分程度の講話 | カフェタイム<br>講話の内容を振り返りながらおしゃべりをする | Q＆A<br>講話の内容や認知症に関する意見交換 |

　これはオランダ式の展開です。オランダの「認知症カフェ」はすべてこのプログラムで展開されており、最初の30分の「カフェタイム」で徐々に参加者が集まってきます。「カフェタイム」には音楽が流れます。「ミニ講話」は、認知症にかかわることや関係する本や映画を紹介し、それをテーマに「カフェタイム」で話を深めます。ゆるやかに学び、交流を深めるために有効な展開例です。

## 2 ● 運営上の工夫

**サロン的な認知症カフェの展開例**

| 0 | 30 | 60 | 90 | 120(分) |
|---|---|---|---|---|
| 自己紹介 | カフェタイム | イベント<br>介護予防体操やアロマセラピー、音楽鑑賞を行う | カフェタイム | |

　日本のカフェはこのような展開で実施されているところが多いのではないでしょうか。はじまりがしっかりと決まっており、司会者の仕切りで「自己紹介」からはじまります。この方法はこれまでのサロンや茶話会とあまり変わらないので安心感はあるでしょう。ただしカフェの雰囲気を作るためには、一工夫が必要かもしれません。

**アクティビティ・レクリエーションなどを主とする展開例**

| 0 | 30 | 60 | 90 | 120(分) |
|---|---|---|---|---|
| カフェタイム<br>徐々に参加者が集まってくる | アクティビティ・レクリエーションタイム①<br>ビンゴゲームや体操、歌などを全員で行う | アクティビティ・レクリエーションタイム②<br>ビンゴゲームや体操、歌などを全員で行う | カフェタイム<br>お茶を飲みながら会話を楽しみ、次回の確認などをして終わる | |

　スコットランドのいくつかの認知症カフェは、このような展開で行われていました。ビンゴゲームや歌などを楽しんで、地域の人の現状などの情報交換をします。サッカーの話だけをするカフェ、園芸を楽しむカフェ、歌を歌うカフェなど趣味に特化した認知症カフェもあります。参加者には認知症の人も含まれていますが、軽度の人が中心です。

**歓談を主とする認知症カフェの展開例**

| 0 | 30 | 60 | 90 | ……(分) |
|---|---|---|---|---|
| カフェタイム | | | | |

これはコミュニティカフェのような方式で長時間実施している認知症カフェに多い傾向があります。プログラム展開はほとんどありません。参加者は自分の都合に合わせて自由に来て、思い思いに話をして帰っていきます。いつでも参加できるという安心感はありますが、同時にいつ行ったらいいのかわからないという不安も生じます。また、運営スタッフの長時間の拘束があり、負担になることもあります。

● **本人・家族の認知症カフェ**

　本人と家族のみが参加する認知症カフェは、居場所をつくったり、深刻な悩みを打ち明けたりする場にもなり、本人の不安感と家族の介護ストレスの解消に有益です。プログラムには、レクリエーションなどを取り入れる場合が多く、認知症の人が参加しやすいような配慮や工夫が大切であることから、ファシリテーターとなる人のスキルや知識がとても重要になります。「本人・家族の認知症カフェ」では、多くの場合、自由な時間というより全員で同じ時間を共有し、一体感を大切にしています。

**本人と家族が一緒にアクティビティやレクリエーションを行う展開例**

| 0 | 10 | 50 | 60 | 90 （分） |
|---|---|---|---|---|
| 自己紹介ゲーム<br>徐々に参加者が集まってくる | アクティビティ・レクリエーションタイム① | カフェタイム | アクティビティ・レクリエーションタイム② | ランチまたは終了 |

　イングランド、スコットランドで行われている「本人・家族の認知症カフェ」では、アクティビティやレクリエーションなど、テーマを決めて行われるプログラムが準備されています。ほとんどのところが90〜120分で行われ、脳の活性化と孤立防止を目的に行われています。前半は、歌、手踊りのような簡単なダンスや体操、後半はファシリテーターが誰もが知っているような歴史の話や、それに関するクイズを行います。参加者は、クイズに答えたり考えたりする時間を楽しみます。
　こうしたプログラムを展開する認知症カフェは、最近では「メモリークラブ」など、別の名前が掲げられている場合が多くなっています。

## 2 • 運営上の工夫

**本人と家族を分けて行う展開例**

| 0 | 40 | | 100 | 150（分） |
|---|---|---|---|---|
| カフェタイム<br>徐々に参加者が集まってくる | 本人 | アクティビティ・レクリエーションタイム<br>数当てゲームや昔の話題でのゲームなど | | ランチタイム＆カフェタイム<br>お茶を飲みながら会話をする。相談がある人は、少し離れた場所で行う |
| | 家族 | 介護者同士の話し合い（別部屋）<br>介護の悩みや日ごろの苦労を語り合う | | |

　日本やイギリスの一部で見られる形式です。家族が本音を語るためには家族同士である必要があります。同じ立場の人同士であれば、分かり合い、遠慮なく話すことができるからです。そのために一定の時間は2つの部屋が必要になります。本来の「認知症カフェ」的なイメージより家族会や介護者の会、または患者の会の意味合いが強くなるかもしれません。

**共に時間を過ごす場合の展開例**

| 0 | 40 | 80 | 120（分） |
|---|---|---|---|
| ミニ講義 | 歌や音楽、体操など | カフェタイム | |

　日本で比較的初期から行われている認知症カフェに、この方式をとっているところがいくつかみられます。全体を3部に分けて各40分程度で展開していく形式です。ミニ講話は、認知症のこと、介護や健康管理、制度やサービスなどのテーマで実施されます。次の40分は歌や音楽などのイベントが入ることもあります。「認知症の人や家族が安心して参加することができる居場所づくり」をめざしている場合に、このような展開で行っているところが多くみられます（「カフェdeおれんじサロン」P174参照）。

## Q22 認知症に関する情報提供は行ったほうがよいのでしょうか

● 参加者の「期待」に応える

　認知症カフェに参加する人は、認知症について知りたい、相談したいという思いを持ってきています。したがって、認知症にかかわる話題やテーマを取り上げるように心がける必要があります。関係のない内容が続くと、ここに来る目的を見失ってしまう人もいるかもしれません。

　認知症の人や家族は、先の不安な人生の旅の途中にいます。そのなかで「認知症カフェ」は、休息の場であり、今後の羅針盤となる空間である必要があります。また、認知症の人や家族の周りにいる地域の住民は、その旅を歩みやすくする道しるべの役割があるのです。そのために、認知症カフェでは認知症の理解を深めるためのミニ講話や情報コーナーなどで情報提供をすることが必要なのでしょう。ミニ講話をしない場合でも必ず認知症や介護に関する「情報コーナー」や「相談コーナー」は設けておきたいところです。

● 「情報コーナー」と「相談コーナー」

　「情報コーナー」には、「認知症かもしれない…」「将来、認知症になったらどうしよう…」と不安に思っている人や介護者の助けになるような資料、認知症の人の手記や書籍、参考になる新聞記事などを常備しておくとよいでしょう。また、「相談コーナー」は、話しにくいこと、他の人には聞かれたくないこともあるので、別室や仕切られた空間などで専門職が対応できる体制を作っておきましょう。ただし、認知症カフェは認知症の診断やケアプランの作成を行う場ではありません。むしろ診断や介護保険サービスの利用につなげるために行われなければなりません。

　日本のある認知症カフェでは、医師に話を聞くためのテーブルを用意しているところ、会場の後方に認知症の専門家（看護師など）がいて、認知症カフェの終了後も家族の相談に応じているところ、「認知症の人と家族の会」の会員が入り、相談を受けているところなどがあります。オランダでは、「情報コーナー」を設置することが義務づけられています。そのコーナーには専門職が常駐していて、カフェタイムなどに関心のある参加者が見に来ていました。「情報コーナー」を設置するということは、参加者が移動したり席を立つきっかけにもなります。

## Q23 ミニ講話や情報提供のテーマは、どのように決めたらよいでしょうか

### ●ミニ講話や情報提供の意義

　ミニ講話や情報提供のテーマは、認知症の人と家族が聞きたい内容を第一に考えましょう。「オープンな認知症カフェ」では、講話は欠かせません。認知症カフェの参加者は認知症の人、家族のほか、認知症に関心のある人たちで、何かよい情報を得たいという思いを持ってきているからです。認知症カフェは、「認知症」というテーマのもとに行われます。いつでも学べて、毎回、異なる切り口で認知症について学ぶことができるという特徴があります。

　テーマを決めずに話をすることが好きな人もいると思いますが、特に男性では、明確なテーマがほしいと思う人が多いものです。また、「ミニ講話」があることにより、そのあとのカフェタイムの話に広がりと深みがもたらされ、会話のきっかけになります。カフェタイムで話されたことをその後のQ&Aでさらに深めることもできます。

　ミニ講話の時間は長くても30分くらいにしましょう。それ以上長くなると、講演会や研修会になってしまいます。オランダでは30分、イギリスの多くの認知症カフェでは15～20分です。短めに設定するのは、認知症の人は、長時間じっと聞くことが難しいという理由もあります。

### ●テーマの決め方

　ミニ講話のテーマは、まずは運営スタッフが半年分ぐらいを決めておいて、参加者の意見を取り入れていく方法がよいでしょう。このとき、「オープンな認知症カフェ」では地域の人も多く参加しているため、地域の人の意見だけを聞いていくと「認知症予防」に偏ってしまう可能性があるので注意が必要です。あくまで主役は認知症の人と介護家族であることを意識し続けなければなりません。迷った時はそこに立ち返りましょう。

　一方、イギリスでは、認知症の人の意見をすべて聞いていった結果、講話がなくなってしまい、最終的に地域の人が参加しなくなってしまった認知症カフェもあります。運営スタッフは、常にそれぞれの認知症カフェの目的を確認し、バランスを取っていく必要があります。

ミニ講話のテーマと講師の例(日本、オランダ、イギリス)

| 講話のテーマ | 講師 |
|---|---|
| 認知症の人の言葉の紹介 | 認知症専門医、研究者 |
| 身近な人が認知症になったら | 認知症介護・相談専門職 |
| 自分は認知症かな？ あの人は？ | 医師、研究者 |
| もの忘れと認知症 | 臨床心理士 |
| 認知症と芸術 | 作業療法士 |
| 認知症の人のエンド・オブ・ライフ | 医師 |
| 認知症の人の財産管理 | ケアマネジャー |
| 若年性認知症 | 若年性認知症の支援団体 |
| 認知症の病院の利用の仕方 | 医師 |
| 認知症の人の口腔ケア | 歯科衛生士 |
| 在宅介護の助けになる福祉用具 | 介護用品販売業者 |
| 認知症の人の介護の歴史とこれから | 研究者 |
| 認知症の人の心理 | 研究者 |
| 栄養摂取と水分補給の方法 | 製薬会社、保健師 |
| 認知症の人を支えるサービスの紹介 | 研究者、看護師 |
| 高齢者を狙った詐欺の防止 | 行政職員、警察 |
| 健康づくり・体力づくり | 保健師 |
| 認知症に関する映画鑑賞 | ―― |
| 認知症に関する啓発ビデオ鑑賞 | ―― |
| 認知症の人の手記や書籍の紹介(書籍のレビュー) | 誰でも |
| 介護家族が書いた書籍の紹介(書籍のレビュー) | 誰でも |
| 古い新聞記事の紹介(新聞のレビュー) | 誰でも |

## 2 • 運営上の工夫

### Q24 アクティビティのアイデアを教えてください

● アクティビティを取り入れる意義

　アクティビティは、認知症の人が「わかること」「できること」を取り入れましょう。本人・家族のみが参加する認知症カフェでは、アクティビティやレクリエーションなどのプログラムを中心に行っているところが多い傾向があります。認知症の人は、自分が参加できることや、その場に貢献できる役割や活動があることによって精神的な安心・安定につながります。認知症の人は、日々「できないこと」「わからないこと」を体験します。したがって、「わかること」「できること」「古い記憶を呼び起こすこと」などを意識した話題提供をしたり、活動を取り入れることです。家族も、その活動に参加する認知症の人を見ることで希望を感じ、また参加したいと感じることでしょう。

　オランダではこのスタイルの認知症カフェはありません。一方、イギリスでは徐々にこのスタイルが増え始めています。イギリスの場合は、元々はオランダ式の「オープンな認知症カフェ」が多かったのですが、認知症の人の要望により徐々にアクティビティを取り入れたスタイルになってきています。しかし、アクティビティを中心に認知症カフェを実施しているところは、出張デイサービスのような展開になりつつあり、認知症の人だけが楽しめる内容になってきていることは課題です。

● アクティビティの展開例

　イギリス、日本で行われているアクティビティの例を挙げてみましょう。

最初から最後までビンゴゲームを楽しむ認知症カフェ（スコットランド）

サッカーの話に花が咲くフットボールカフェ（スコットランド）

### アクティビティの例（イングランド）

| 自己紹介と<br>ウォーミング<br>アップ | 円形に座り、メモリーボールといういくつか質問が書いてあるビーチボールを、名前を呼びながら投げ合う。ボールを持った人は質問を読み、質問について話をしていく。例えば「どこに旅行に行きたいですか」「ペットを飼っていますか」など |
|---|---|
| マッサージ | マッサージボール（手のひらサイズのイボのついたボール）を配り、手足をセルフマッサージする |
| 昔の歌を歌う | 毛糸でできたロープを全員でもち、それを上げたり下げたり、簡単な体操をしながらCDの音楽に合わせて歌を歌う。歌は童謡や軍歌のようなものが多い |
| 昔の記憶をたどるクイズ | 「今日は何の日か」「40年前に起きた出来事」など、新聞を見せながら話題提供をする。その話題の中からクイズを出していく。例えば「ビートルズはどこで生まれたか」「世界で最も古い大学はどこか」など、その土地の人がよく知る話題をクイズ形式で提供する |

### アクティビティ中心の認知症カフェの例（スコットランド）

| フットボールクラブ<br>クリケットクラブ | サッカーやクリケットの話題、過去の選手やワールドカップの思い出を語り合い記憶を刺激する。試合の映像をみて、応援歌を歌うところもある。ここに来るのは男性のみ |
|---|---|
| メモリーフットボール | サッカー選手のカードを用いたプログラムで、古い選手の写真を見てその選手の思い出を語り合う。カードを用いて最高のチームを作るなどのプログラムもある |
| ボーリングクラブ<br>ウォーキングクラブ | 認知症の人でもできるボーリングやウォーキングを実際に行う |
| シンギングクラブ | 教会に行き聖歌を歌う |
| ガーデニングクラブ | ガーデニングの先生を招き、ガーデニングを実際に行う |
| ミュージックビンゴ | 曲名が書かれたビンゴカードを持ち、音楽を聴いてその曲名をマークしていく。時には口ずさんだり、皆で歌を歌ったりすることもある |
| クロスワード | 文字を組み合わせて単語を作ったり探したりするゲームを行う |

### アクティビティの例（日本）

| 簡単な体操 | 脳の活性化に役立つ体操、デュアルタスクを用いた運動、体操などを行う |
|---|---|
| 歌を歌う | 参加者が音楽に合わせで合唱する |
| 音楽を聴く | フルート、クラリネット、三味線、琴などを聴く |
| アロマセラピー | マッサージやアロマセラピーなどでリラックスする |
| 簡単な工作 | ペットボトルや牛乳パック、広告などを使って、持ち帰ることができる作品を作る |
| 運動する | 卓球やウォーキング、時には外でソフトボールなどを行う |

2・運営上の工夫

#  入口での参加者の迎え方について教えてください

● **雰囲気は入口で決まる**

　認知症カフェの雰囲気は入口で決まります。つまり、入口での会話によって参加者にリラックスしてもらうことは、その認知症カフェの「敷居」を下げ、参加しやすくすることに役立つのです。オランダでもイギリスでも認知症カフェの会場となる建物に入ると、必ず誰かがにこやかに笑顔で話しかけてくれます。握手を交わしながら「今日はようこそ！」「私は〇〇よ。あなたのお名前は？」「どこから来たの？」などと聞かれます。そして「好きなところに座ってください」と促し、「コーヒー？紅茶？」と聞いてくれます。

　入口での配慮は、参加者の緊張感をほぐし、受け入れてもらえるという感覚をもたらします。入口での参加者の迎え方は、認知症カフェでの会話がリラックスしたものになるかどうかに影響するのです。

● **受付名簿の意味**

　認知症カフェの入口で参加者に記名をしてもらう場合があります。日常生活のなかで、参加者名簿への記入を求められるのは、どのような集まりでしょうか。講演会、研修会、学校の授業、資格試験、結婚式などのセレモニーなどではないでしょうか。どれも「まじめな参加」が求められる集まりです。

　事前申込制や予約制の場合は、受付での名簿記入が必要ですが、予約不要ということは受付での名簿記入も不要と考えることができます。とはいっても、どのような人がどこから来たのかわからない状況では、認知症カフェの活動の評価が難しく、将来的な計画に結びつける資料を残すことが出来ないということもあるかと思います。そこで、入口での会話やカフェタイムの会話の中でスタッフが聞き取り、集約をしていくという方法もあります。

　事故等にそなえて「行事保険」などを活用する場合には、参加者名簿の提出が求められることがあります。予約制でない場合は、安全に参加してもらうためにも、入口で名前のほかに、体調や気分、不安な点についてさりげなく聞き取りを行うことが必要です。このとき、「認知症ですか？」のようにストレートに聞くのではなく、さりげなく聞くことを心がけましょう。

## Q26 参加者の座り方（位置）で気をつけることはありますか

### ● 四角いテーブルと丸いテーブル

参加者の座り方では、会話を活発にし、安心感を生むための工夫が必要です。円卓は角がないので緊張をほぐし議論を活発にする効果があります。また、中心になる席というのがないので、序列をなくし、お互いの顔がよく見えるので座る場所を選びません。一方で、四角いテーブルは、「お誕生日席」のような特別な雰囲気の席をつくってしまったり、下座・上座が気になることもあります。もしも選ぶことができるのであれば、円卓を使うとよいでしょう。また、場合によってはテーブルをなくしたり、コーヒーテーブルのような小さなテーブルだけにしてもよいでしょう。

### ● 座る位置への配慮

認知症カフェでは、認知症に関する講話や情報提供を行うこともあります。参加者は高齢の人が多いので、耳が遠く聞こえにくい人がいる可能性もあります。聞こえにくい人には、できるだけ前のほうの席を用意しておくとよいでしょう。また、目が悪く、見えにくい人もいますのでその点の配慮も必要です。

認知症の人の座る場所は、トイレに立ちやすい席を選ぶとよいかもしれません。ただしあまり出入口やキッチンに近いと、人の動きが多く落ち着かない環境になってしまうので注意が必要です。また、移動の際の安全を確保する観点から、コードやコンセントなど、周囲や足下の環境に気を配ることが大切です。

### ● 認知症の人と家族の座り方

「本人・家族の認知症カフェ」の場合は、本人と家族が一緒に座るほうがよい人と、一緒ではないほうがよい人がいます。介護にまつわる悩みを吐露したいという思いを持っている家族もいます。また、認知症の人も、病識がほとんどない人もいるので、別々に座ることも検討してみましょう。ただし、別々に座る場合には、専門職が認知症の人と一緒に座るなどの配慮が必要です。認知症についての理解が十分ではない人が同じテーブルになった際に、配慮のない言葉が投げかけられると、認知症の人は混乱し、家族は傷つくことも考えられます。そうなると、認知症カフェが安心できる場や時間ではなくなってしまいます。

2・運営上の工夫

# Q27 コーヒーや紅茶のすすめ方は、どうしたらよいでしょうか

● 注文をとるタイミング

　飲み物をタイミングよく勧めるには、会場全体に目配りをするスタッフが必要です。多くの認知症カフェでは、コーヒーや紅茶を提供しています。日本ではたくさんのドリンクメニューを用意しているところが多いですが、イギリスやオランダでは、コーヒーか紅茶の2種類で、特にメニューはありません。会場に一歩足を踏み入れるとすぐに、「コーヒー？　それとも紅茶？」とスタッフがにこやかに聞いてくれます。また、スタッフは常に会場全体を見ていて、頃合いを見て「おかわりは？」と聞いてくれます。オランダやイギリスでは、ドリンクサービスのスタッフがいて、いつでも声をかけてくれるのです。このスタッフは、専門職ではなくボランティアです。キッチンには2〜3人が常駐し飲み物やお菓子、食べ物の準備をしています。

● おかわりのしやすさ

　日本の認知症カフェは有料で行っているところが多く、参加者は100〜300円程度の参加費を払い、飲み物は「おかわり自由」となっているところがほとんどです。多くの場合、メニューが置いてあり、その中から選んで注文します。このスタイルのよさは、実際の喫茶店と同じ形式であり、お金を支払っているので遠慮する必要がないことです。ただ、認知症カフェは、目的を持った集まりであり、飲み物やお菓子は、あくまでもリラックスして会話をするためのツールです。また、さまざまなプログラムのなかで、タイミングよく飲み物のおかわりを頼むことはなかなか難しいということもあります。「ほとんど飲めなかった」「おかわりをしたかったけれど、声をかけられなかった」などということがないように、全体に目配りするスタッフがいて飲み物を勧めるようにするとよいでしょう。

おかわりはセルフサービスでもOK（オランダ）

テーブルの上におかれたコーヒーを参加者が別の参加者に注ぐ（スコットランド）

## Q28 会はどのように始めて、どのように終えたらよいでしょうか

● 「また参加したい」と思ってもらうために

　認知症カフェの「敷居」を下げるために、「いつでも開いている」ということはよいことですが、裏を返せば「いつ行ったらよいのかわからない」ということにもなります。また、地域の集まりやサロンでは、始まりは時刻通りでも、終わりがあいまいで帰りにくくなるということがみられます。認知症カフェを続けるうえで大切なことは、「もう一度参加したい」「もう少し居たかった」と感じてもらうことではないでしょうか。

● 始まりはゆるやかに、終わりは潔く

　オランダやイギリスの認知症カフェは、ミニ講話や情報提供もしくはアクティビティが始まるまでは音楽（BGM）が流れ、ゆっくりとした時間のなかで参加者は自由に話をしています。BGMがやむと自然にミニ講話や情報提供の時間に移ります。そして終わりの時間になると途中であっても潔く終わり、次回の案内に移ります。この点は、認知症カフェの「敷居」を下げる方法としてとても参考になります。日本の場合はどうしても始まりの時に主催者から「さあ、みなさん始まりますから注目してください」と仕切りが入ってしまいます。認知症カフェは、これまでの地域の集いとは一味違う時間を演出することで、これまで参加しなかった人たちを呼び込むことができるのです。

### 時間の使い方

| 認知症カフェ | サロンなどの場合 |
| --- | --- |
| 始まりはゆるやかに | 始まりのあいさつ |
| 終わりは潔く | 終わってからの懇談がある |
| 時間の区切りは音楽などで自然に | 時間の区切りがないもしくは、反対にはっきりしている |
| 時間は2時間程度 | 長時間の場合もある |

## Q29 カフェらしい「ゆるやかな時間」をつくるにはどうしたらよいでしょうか

● **名札の意味**

　参加者に名札が必要かどうかは、それぞれの認知症カフェの目的と内容によって異なります。認知症に関する「ゆるやかな学びの場」である「オープンな認知症カフェ」をめざすのであれば不要かもしれません。自由な発言や会話を深めるために、所属や肩書はそれほど重要ではありません。難しい言葉は用いずにリラックスして話せる場が認知症カフェの特徴であり、「敷居」を下げることにつながります。オランダの認知症カフェでは、誰が認知症の人で、誰が家族で、誰が専門家なのか、全く見分けはつきませんでした。スタッフに聞いてみると「たぶんあの人は認知症だと思うけど…」くらいの理解です。参加者のほとんどが認知症の人で構成されるイギリスの認知症カフェでは、名札をつけているところもありましたが、やはりほとんどのところでは名札を使っていませんでした。

　日本においては、名札をつけることが当たり前のようになっていますが、もう一度名札の意味を考えてみる必要がありそうです。本当に必要なのでしょうか。もしかしたら相手に直接尋ねて、名前を教えてもらうことから会話が始まるほうが自然なのかもしれません。

● **自己紹介の意味**

　同じように、会のはじまりに自己紹介をするのは日本だけのようです。イギリスでは、最初に行うアイスブレイク的なレクリエーションの中で自然に名前を呼び合うものを取り入れていました（p.151参照）。認知症カフェの目的は何か、認知症カフェで優先されるものは何かを考えてみる必要があります。認知症カフェは会話を楽しみ、新たな出会いをつくる場であり、途中から参加する人もいます。全員が自己紹介を行うとそれだけでかなりの時間がかかり、肝心なプログラムが後回しになってしまう可能性もあります。自然な会話は、誰かが誰かを紹介し、そこに輪が出来て話が深まるのではないでしょうか。人のつながりをもたらすファシリテーター役がいると、よりよい時間を過ごすことができるでしょう。「敷居」を下げるということは、限りなく自然な会話の場をつくり出すことでもあるようです。

● **スタッフも楽しむ**

　認知症カフェでは、各種ボランティアを含めて多くのスタッフが必要になります。スタッフは全体の運営管理に携わり、認知症の人や家族の様子に目を配るなど、重要な役割を果たしますが、だからと言って懸命に黙々と役割をこなすことに没頭していると、認知症カフェに和らいだ雰囲気を醸し出すことはできません。スタッフも参加者のひとりとして会話を楽しみ、穏やかに過ごすことで「ゆるやかな時間」をつくることに貢献できます。

● **自然なプログラム**

　認知症カフェでは、ミニ講話や音楽、アクティビティなどのプログラムが用意されます。司会者はどうしても、自己紹介から始まり、プログラムを時間通りに進行させるために大きな声で仕切りたくなってしまいます。しかし、実際のカフェではこうした仕切りはもちろんありません。自然な流れでプログラムを進行していく工夫として、自己紹介を省いたり、レクリエーションのなかで自己紹介をしたり、音楽を用いてプログラムの区切りをするなど、自然な流れを演出することを試みましょう。

自己紹介も兼ねたメモリーボールが始まる(イングランド)

「願いが1つかなうとしたら?」「お勧めの本は?」などいろいろな質問が書かれている

スタッフも会話を楽しむ(ガーデンカフェ)

## Q30 落ち着いて過ごせる雰囲気をつくるにはどうしたらよいでしょうか

### ● 常連の人も新規の人も参加しやすい雰囲気に

　新規の参加者は緊張しています。常連の参加者は顔なじみの人も増えている一方で、新規の参加者のことが気になることでしょう。運営スタッフは両者の間をさりげなく取り持つ工夫をしましょう。新規の人には、認知症カフェの流れを説明し、飲み物の注文の仕方を伝える必要もあります。まずは、座って話を聞き、常連の人と共通することを聞いてみましょう。住んでいる場所、訪れた理由、認知症についてなどです。認知症カフェでは、認知症を隠す必要も、聞かない理由もありません。認知症や介護について一緒に考えるという姿勢をこちらから示しましょう。すると常連の人と話すきっかけづくりにもつながるはずです。

### ● 椅子と机

　某有名シアトル系コーヒーショップには、いかにも座り心地がよさそうな大きなソファの席があります。この席はいつでも誰かが座っており、空いていることはめったにありません。それだけ人気の席なのです。また、最近は書店にカフェが併設されている店舗が増えてきました。書店に併設されたカフェは、書店からの本の持ち込みが自由で、パソコン用のコンセントもあります。BGMにはジャズが流れていて、さまざまなタイプの机があります。

　イングランドの「カフェコーディネーター」が認知症カフェの会場を選ぶ際に最も大切なのは、「座り心地のよい椅子」だと言っていました。椅子の座り心地はどうか、机と椅子のバランスはどうか、もう一度、会場の椅子に座り、「落ち着いて過ごせる雰囲気かどうか」認知症カフェ全体の景色を見渡してみてください。

### ●「いらっしゃいませ」から「ようこそ」へ

　認知症カフェという名称から、運営スタッフは実際のカフェを運営するような感覚にもなるようです。ただし、参加者は「お客さん」でもありますが、同時にそれぞれが、認知症カフェの場をつくる役割を持っていることを忘れてはなりません。時間を共に過ごす仲間として、「ようこそ」という気持ちで迎え、一体感を持ちたいものです。

# Q31 「役割を外す」とは、具体的にどのようなことでしょうか

## ●役割を外すとは

　もともと認知症カフェは「誰にでも開かれた交流の場」や「立場や役割の垣根のない交流」といった理念のもとに始まりました。つまり、認知症カフェでは、認知症の人、介護家族、専門職などさまざまな人が集いますが、それぞれの「役割」を外していくための工夫をしなければなりません。例えば、ミニ講話や情報提供では「先生」と「生徒」のような役割を外す工夫を、カフェタイムでは、「介護される人」と「介護する人」のような役割を外す工夫をする必要があります。介護家族は、家ではいつも「介護者」で、ストレスをかかえやすくなります。認知症の人は、いつでも介護される側であり、されてばかりでは何もできなくなってしまいます。家族には休憩を、認知症の人には主体的にできる活動やリラックスする時間を、それぞれを意識してかかわりましょう。かしこまった形式では、参加者はリラックスできません。

## ●役割を外すための工夫

　オランダの認知症カフェは、どこでも必ず講師によるミニ講話や情報提供の時間が30分あります。その際には、講師も椅子に座って話すなど、できるだけ役割を外して「敷居」を下げるための工夫がなされます（次ページの表参照）。

　イングランドやスコットランドの認知症カフェは、本人の支援が中心ですが、家族も認知症の人も一緒に楽しめるレクリエーションが用意されています。例えば、ビンゴゲームや手遊び、最近の出来事や昔の出来事の思い出語りの講話などです。

参加者もスタッフも一緒にビンゴを楽しむ（イングランド）

講師も座り、インタビュアーが参加者と講師の橋渡し役となる（オランダ）

## 2 ● 運営上の工夫

ミニ講話で「役割を外す」ための工夫

| 工　夫 | 効　果 |
|---|---|
| 講師は立って話をしないで椅子に座る | 椅子に座ることで同じ立場になり、リラックスして話を聞くことができる |
| 必ずインタビュアーを設ける | インタビュアーがいることで、難しい言葉や内容について参加者に代わって質問することができる |
| できるだけパワーポイントなどは使わない | スライドを使うと講義のようになるので、それを避けることができる |
| 講義資料を配らない | 資料があることで講義のようになるので、それを避けることができる。会話をするように話すことが大切 |
| 途中での質問もさえぎらない | 途中での質問も大歓迎という姿勢が大切。コーディネーターやインタビュアーが仕切るのが望ましい |
| 30分の講話（情報提供）の後にカフェタイムを入れて会話を深める | 講話のあとにカフェタイムを設けることで、講話の内容を咀嚼する時間にもなる |
| カフェタイムの後にQ＆Aを入れて内容を深める | カフェタイムを挟んでQ＆Aを行うことで、質問がしやすくなったり、話が発展する |

## Q32 参加者の年齢、症状に違いがあるときに配慮すべきことはありますか

### ● はじめは家族と一緒に

参加者同士が認知症のことを理解し合えるように配慮しましょう。認知症の人やその家族が認知症カフェに参加するとき、最初はとても緊張するものです。なかには認知症が進行していて新しい環境に慣れず、ソワソワしてしまう人がいるかもしれません。認知症になるとその不安感から家族に依存的になり、なじみの人がいつでも一緒にいないと落ち着かない人もいます。したがって最初は家族と一緒に過ごし、少しずつ場の雰囲気に慣れてきたら家族と少し離れて、スタッフと一緒に過ごせるようにしましょう。

### ● スタッフや環境面での配慮

参加者の年齢や症状の違いはあまり気にすることはありません。認知症カフェは自由な場です。ただし、参加者が安心して過ごせること、そして参加者それぞれにとって有意義な学びや交流になることを心がける必要があるので、座る場所には配慮が必要です。

高齢の人は、耳が聞こえにくくなり講話の声が聞こえない、または講師の表情がよく見えないということがあります。できれば前の方に座っていただくようにしましょう。また、認知症の症状の1つで「被影響性の亢進」といって環境や周囲に影響されやすい人もいます。例えば、スライドなどに映写された文字をすべて声に出して読んでしまったり、講師の話を復唱してしまったりすることがあります。あまりにも大きな声であったり、他の人に危害を与えてしまったりすることがなければ悪いことではありませんので止める必要はないでしょう。認知症カフェは、認知症の人や家族が地域で理解され受け入れられるための入口です。他の参加者にも理解してもらう努力こそが認知症カフェのスタッフの役割です。

ソワソワして落ち着かなくなったり、立ち上がって帰ろうとする人もいます。これも認知症の症状の1つで「転導性の亢進」といって、ある行為を持続することが難しい人もいます。こうした人に対応するためのスタッフを配置したり、別室を設けて落ち着ける環境を準備しておくことも必要でしょう。

## Q33 参加者の体調や症状の変化には、どのように対応したらよいでしょうか

● 医師や看護師との連携

　参加者の体調や症状が変化した場合は、多職種、多事業所の連携で対応しましょう。認知症カフェには、認知症の人や家族、認知症が心配な高齢者などが参加します。介護者の高齢化も進んでいるので、家族の健康問題も心配です。当然、体調が悪くなってしまう人もいると思います。したがって、認知症カフェの運営スタッフに医師や看護師がいることが望ましいでしょう。常に医師や看護師が立ち会うことが難しい場合は、介護・医療関係のいくつかの事業所が協力して運営に携わることが必要でしょう。地域包括支援センターなども加わって運営していくと、保健師や看護師の専門職がいるので安心です。

● 認知症介護の専門職のかかわり

　認知症カフェには、認知症介護の専門的知識や技術を持つ人がいる必要があります。例えば、日本でいえば「認知症介護指導者」は有力です。認知症介護指導者は、認知症介護研究・研修センターが実施する厚生労働省の定めた研修を修了し、10年以上の認知症介護の経験があります。また、その地域での認知症介護に関する指導的立場にある人なので、さまざまなネットワークも持っています。認知症介護指導者を探すには、各都道府県、政令指定都市の介護関係部署に連絡してみるとよいでしょう。認知症介護指導者は、自治体からの推薦で研修に参加し、指導者自身も介護保険施設や事業所で働いているので、相談してみてください。

## Q34 実施の記録は、何をどのように書いたらよいでしょうか

● **最低限必要な記録**

　実施の記録は、認知症カフェの目的によって記録方法を考える必要があります。最低限必要なのは、参加者数とその内訳（認知症の人の数、家族（介護者）の数、地域の人の数、ボランティアの数）と、その日にかかった経費です。また、参加費を徴収している場合には、合計金額の記載も必要でしょう。

● **相談・支援の記録**

　相談コーナーを準備している場合は、相談内容を詳細に記録し、認知症カフェの責任者に報告し、集約しなければなりません。認知症カフェには、初期の認知症の人や家族を早期にサービスにつなぐ機能があるので、専門職が相談コーナーや他の参加者のいない場所で話を聞く機会をつくることが望ましいでしょう。

　本人・家族のみが参加する認知症カフェであれば、治療的・専門的支援の意味もあることから、会話の内容や経過などを記録することが必要かもしれません。ただし、いずれの場合も逐語記録のような詳細な記録を作る意味はあまりないでしょう。

　補助金で運営している場合には、さらに詳細な記録が必要になることがあります。スコットランドとオランダでこの点について尋ねたところ、いずれも「そんなことに多くの時間を費やすのであれば認知症の人と接する時間を大切にするわ」という返事が返ってきました。認知症カフェに携わるスタッフの多くはボランティアです。時間を有効に活用し、認知症カフェという時間をスタッフも楽しむことでお互いに「楽しい」「また来たい」と思える時間が演出できるのではないでしょうか。

## Q35 参加者の効果を評価する必要はありますか

### ●目的に照らして評価する

　認知症カフェの評価と参加者の効果測定の方法は、それぞれの目的によって異なります。地域に開かれた「オープンな認知症カフェ」の場合は、認知症の人が孤独感から解放されたか、家族の介護負担感が軽減されたか、認知症の人や家族が早期に支援やサービスにつながったか、認知症の人や家族が地域社会や専門職とつながるきっかけになったかなど、その認知症カフェの目的が達成されたかどうかを定期的に評価する必要があります。

### ●3段階での評価

　認知症カフェの「機能」を評価する場合には、①構造基準、②プロセス基準、③結果基準の3段階での評価が必要です。「構造基準」による評価は、全体のスケジュール、認知症カフェとしてのハードやソフト、スタッフの対応、ミニ講話の内容や参加者の反応、飲み物の種類、参加者の募集方法などについて、認知症カフェの目的からの妥当性をそれぞれ振り返り評価します。「プロセス基準」による評価は、認知症の人、家族、地域住民の参加人数、開催した回数、スタッフの不足の有無、協力を得られた団体の数などのプロセスを評価します。そして、「結果基準」による評価は、認知症カフェの目的が達成されたか、その結果、具体的に認知症の人と家族がどのようなサービスにつながり、生活がどのように変わったのかということを評価します。「結果基準」はすぐに評価できるものではなく、半年から1年の経過をみて評価することが必要であり、それが「効果」になります。認知症カフェの目的が達成されているかなど「結果基準」については、スタッフ全員が常に意識していなければならないことといえます。

　「本人・家族の認知症カフェ」でも同様です。本人同士のピアカウンセリングとして悩みが解消されたか、認知症を受け入れるきっかけになったか、家族の介護負担感の軽減につながったか、居場所として機能しているのかなど、認知症カフェの目的が達成されているかどうかを評価していく必要があります。

● 認知症カフェの参加者による評価(スコットランド)

スコットランドでは、参加者個人に焦点をあてて認知症カフェの評価を行っています。この評価票(アンケート)は、認知症カフェの参加者に配布し、参加者が記録します。認知症カフェの目的や理念に基づいた運営がなされているかどうかの評価を参加者に依頼するのです。また、認知症の人にも介護家族の協力を得てこのアンケートを用いて定期的に(年1回程度)評価を依頼しています。認知症の人で回答が難しい人には、「ムードカード」(雰囲気のよさを顔や天気などのイラストで表現したもの)や「ワードカード」(よい・悪いといった簡単な単語を選択する)などで評価してもらっています。

認知症カフェの評価票(スコットランド)

| 生活の質:認知症カフェがあなたの生活にもたらした変化について ||
|---|---|
| やることが多く、それらに取り組むことに興味を持てますか? | 他の人たちとの出会いは? |
| 心地よく過ごせていますか? | コミュニティの一員としての実感がありますか? |
| 自分が望む生活になっていますか? | 認知症カフェに参加している時、安心感を得られていますか? |

## 2 ● 運営上の工夫

### サポート体制について：スタッフやボランティアの対応について

スタッフやボランティアはあなたの話を聞いていますか？

| スタッフやボランティアは敬意をもって、あなたに接していますか？ | スタッフやボランティアが話すことは信頼に足るものですか？（マネジャーも含めて） |
|---|---|
| | |

### あなた自身の変化について：認知症カフェは、あなた自身に何らかの変化をもたらしましたか？

| 自信について | 道徳観について |
|---|---|
| | |

| スキルについて | 興味について |
|---|---|
| | |

| 身体能力について：例　体重や体調 | その他 |
|---|---|
| | |

### 認知症カフェについて：認知症カフェについてご意見がありましたら、何なりとお書きください。今後の改善の参考にさせていただきます。

■ 認知症カフェについての評価を伺います。（1つを選び、○を付けてください。）

1. 不満　　2. 少し不満　　3. 満足　　4. よい　　5. とてもよい　　6. 素晴らしい

今後の改善のために必要と思われること（何かあれば）をお書きください。

| 署名（参加者：本人または家族） | 日時 |
| --- | --- |
| ケアラー他の署名（レビューに際してアシストをした場合） | 日時 |

＊DEMENTIA　CAFÉ　TOOLKIT　-A GUIDE TO SETTING UP A DEMENTIA CAFÉ- Alzheimer Scotland

第2章　認知症カフェの知りたいことがわかるQ＆A

## 2 ● 運営上の工夫

# Q36 見学者を受け入れる際に、気をつけることはありますか

### ● 見学者も参加者のひとり

「オープンな認知症カフェ」の場合には、見学者も含めて参加者です。地域住民や介護家族が見学を希望する場合は、「参加者」として受け入れてよいでしょう。「オープンな認知症カフェ」は開かれた空間だからです。認知症カフェは、認知症の人も認知症ではない人も含めた地域住民のための空間なので見学者というより参加者として参加してもらうとよいでしょう。

### ● 地域の関係者は広告塔

新たに認知症カフェの開催を企画している人、認知症カフェに興味がある人、認知症カフェについて勉強したいという介護関係者などの見学者も積極的に受け入れてよいのではないでしょうか。著者自身もいくつかの認知症カフェに「見学者」として参加しましたが、日本でも海外でも断られたことは一度もありません。認知症カフェを多くの人に知ってもらうことは、口コミで参加者が広がるきっかけにもなります。

ケアマネジャーや地域包括支援センターの職員なども、「得体の知れないカフェ」を地域に暮らす認知症の人や家族に勧めることはできません。口コミの広告塔として、ケアマネジャーや関係者に見学に来てもらうことをお勧めします。ただし、見学者があまりにも多いと、認知症カフェの雰囲気が変わってしまう可能性もあります。可能であれば、見学者の情報（人数などは）は事前にわかったほうがよいかもしれません。

### ●「本人・家族の認知症カフェ」の場合

本人と家族のみの認知症カフェの場合は一考が必要です。予約制で行っている場合やピアサポートを強く意識して行っていることが多く、少人数でも他者が見学者として参加することで雰囲気を崩し、目的とした効果を得られなくなる可能性があるからです。

● **撮影や録音について** --------------------------------------------

　どのタイプの認知症カフェでも写真撮影や録音等の記録には配慮が必要です。見学者は記録を残すために写真撮影や録音・録画を希望することもあります。その際には、運営スタッフは見学者にその目的や使用方法を確認し、参加者に撮影や録画・録音の許可を得るようにします。場合によっては、撮影目的、使用方法、電子通信媒体での無断掲載の禁止等を明記した同意書などを準備しておくことが求められます。

## 2 ● 運営上の工夫

## Q37 自治体の担当者から「○○さんを誘ってほしい」と言われました。どのようにアプローチしたらよいでしょうか

### ● まずは信頼関係を築く

認知症の人や介護家族の孤立防止などの対策として、認知症カフェは大切な役割を果たします。認知症カフェは、まだ支援に結びついていない初期の認知症の人が地域の介護専門職と出会い、つながる場でもあります。

ただし、こうした人はおそらくこれまでさまざまな誘いを断ってきた経緯があるのでしょう。無関心な人に対し「ぜひ来てください」と誘ってもあまり効果は得られません。まずは関心を持ってもらうための働きかけが必要です。

恋愛にたとえて考えてみると、こちらが一方的に好意を寄せても、相手は好意を持ってくれるとは限りません。それはその人にとってこちらが「得体の知れないもの」だからです。では、信頼する人から「この人はいい人ですよ」と紹介されたらどうでしょう。「じゃあ会ってみようかな」という気になるかもしれません。

認知症カフェの参加でも同じことが言えます。「参加してみようかな」という気持ちは、周囲の環境がつくり出すものです。信頼できる人から誘われ、その人が参加していると聞けば、自分も参加してみようかという気持ちが芽生え、それが行動に結びつきます。安心感を生み出すためには、その人が信頼している人と一緒に参加してもらうことがいちばん大切です。家族が最も有力ですが、家族が難しい場合には、地域包括支援センターの職員と相談し、まずは信頼関係を築くところから始める必要があります。

### ●「楽しい」と感じられる雰囲気をつくる

「カフェdeおれんじサロン」（P174参照）では、孫がいるから参加するという認知症の男性がいました。「ガーデンカフェ」（P168参照）のように、大学生が企画・運営に参画することで活性化している事例もあります。多世代が加わり雰囲気をつくっていくことは地域の活性化にもつながります。継続的な参加に結びつけるためには、「楽しい」と感じられることが大切です。これも愛情にたとえれば「愛情」が成就するためには、育む過程が重要なのです。そのためには、できるだけ楽しく、安心できるよいプログラムを工夫し、小さな成功経験を重ねることが大切です。

## 3●継続のための工夫

### Q38 参加者がなかなか増えません。どうしたらよいでしょうか

● **見直しのポイント**

「実際に認知症カフェを始めたけれど、なかなか参加者が増えない…」という悩みはよく聞きます。しかし、認知症カフェの適正な参加者人数というものがある訳ではありません。多ければよいということでもなく、少ないから悪いということでもないのです。現時点では、認知症カフェは飲食で収益を出して経営をするというものでもありません。

そうはいっても、思ったように参加者が集まらないという状況が続くと、継続する意欲も自信も失われてしまうと思います。まずはシンプルに、次の3点を見直してみましょう。①ふさわしい場所（空間）なのか、②ふさわしい時間なのか、③ふさわしい内容なのかの3つです。これらを見直すだけで大きく変わってきます。大切なことはいかにして認知症カフェの「敷居」を下げるかです。

● **ふさわしい場所（空間）**

「場所（空間）」については、わかりやすいか、入りにくい場所ではないか、広すぎないか、ワクワクするような空間になっているか、キッチンはあるか、温かい飲み物が準備できるか、椅子の座り心地はよいか、公共交通機関は利用できるかなど、もう一度見直してみましょう（P47、P50参照）。

● **ふさわしい時間**

「ふさわしい時間」とは、参加してほしい人が参加しやすい時間で開催されているかということです。それぞれの認知症カフェの目的に沿って、平日、休日、午前、午後、朝、夜などを選択します。また、月の上・中・下旬も考え直してみましょう（P76参照）。

● **ふさわしい内容**

「ふさわしい内容」としては、参加者が十分に話すことができているか、講話やアクティビティは関心のある内容か、楽しめる仕掛けがあるか、持ち帰ることのできるお土産（情報や資料）があるか、開催日の間隔が長すぎないかなどを見直してみ

## 3 • 継続のための工夫

ましょう。これらは認知症カフェの根源にかかわる部分です。
　その他、参加者を増やすためのポイントをまとめましたので、参考にしてください。

**参加者を増やすための工夫**

| | |
|---|---|
| 行政と連携する | 地域包括支援センターや行政担当課に相談する |
| 町内会と連携する | 福祉委員、民生委員などにスタッフとして加わってもらい助言をもらう |
| 広報の方法を工夫する | ホームページを作成する、SNSで呼びかける、地域の新聞やラジオで開催を知らせる |
| 認知症の人や介護家族が利用する機関の窓口に協力を依頼する | 病院、診療所、公民館、行政窓口などにチラシを置いてもらったり、認知症カフェの目的や意義を説明する |
| 認知症カフェの運営者同士で連携する | 近隣地域や近隣自治体の認知症カフェ運営者同士で連携し、内容や参加者について情報交換を行う機会を設ける |

入口に認知症カフェの大きなパネルが掲げられ、道行く人を誘ってくれる（オランダ）

さまざまな情報を得ることができる情報コーナーでは専門職スタッフが対応している（オランダ）

## Q39 参加者が固定化しています。このままでよいでしょうか

● 認知症カフェだからこそできること

　参加者が固定化している場合は、新規の参加者から常連、スタッフへという流れをつくりましょう。そのために、まずは参加者の内訳を一度、確認してみましょう。

　認知症カフェの参加者は、新規の参加者と常連の参加者で構成され、オープンな雰囲気が醸成されていくのです。常連の参加者だけになると新たなメンバーは入りにくくなり、仮に新たなメンバーが参加しても参加意欲が継続しにくい閉ざされた雰囲気になる可能性があります。また、常連の参加者には、現在も介護を継続しているいわゆる「現役介護者」と以前は介護していたけれど今はしていない「元介護者」の2種類の人がいます。できれば「元介護者」には、期を見て運営スタッフとなるように促していくとよいでしょう。認知症カフェの内容や目的もよくわかっているので最適です。

● 「参加者」からスタッフへ

　認知症カフェは専門職や地域の住民との出会いが特徴です。「元介護者」の人は「現役介護者」の人に体験談を聞かせたいという思いがあると思いますが、そこは少しだけ控えて全体の場の流れを読み、先輩としてスムーズな運営の促進役を担ってもらいましょう。仮に、参加者の中に個別の事例について詳しく相談したい人がいた場合には、「相談コーナー」でゆっくり話を聞く時間を持つことがお勧めです。

　認知症カフェは、情報発信の場でもあります。認知症カフェから、家族の会や民生委員、介護保険サービスにつながるための「情報コーナー」を設置することで、認知症カフェを入口とする「支援の流れ」ができてくると思います。

# 3 • 継続のための工夫

## Q40 問題なく開催していますが、このまま継続していてよいのか不安になります

### ● 現状の評価と今後の展望が必要

　認知症カフェを運営していくうえでは、常に現状を評価し、今後の展開について考えておく必要があります。今、日本の認知症カフェは黎明期で、その在り方を模索している段階です。参加者や地域のニーズによって、求められる方向性は変化していく可能性があります。例えば、オランダでも、実際に運営に携わっている人の中には「このスタイルではダメだ」と考えている人もいます。また、イギリスではオランダをモデルにして始まったものが変化し、デイサービスのように利用されたり、家族会になってしまったりと形が見えにくくなっているということもあります。

　日本において認知症カフェが必要とされている背景には、介護家族や初期の認知症の人、若年性認知症の人への支援の不足があります。これらが別の形でフォーマルサービスとして整備された時には、認知症カフェの意義は変化する可能性もあります。フォーマルサービスではないからこそ参加者のニーズや評価によって柔軟に変化させることができるのです。

### ●「よいモデル」を探す

　認知症カフェの創始者ベレ・ミーセンは「よいモデルにならってカフェは普及される」と言っています。よいモデルとは何かという判断は難しいところですが、多くの認知症カフェを見学し、よいところを見習い、情報交換をしながら変化させていくことも考えなければなりません。

　下記のポイントを自らの認知症カフェに問うてみることも必要でしょう。

評価のポイント
- 多職種連携はできているか
- 多事業所連携はできているか
- ひとりの力で成り立っているということはないか
- 参加者は楽しんでいるか
- 参加しているすべての人から「役立っている」という声があるか
- 地域で必要だと思われているか
- 地域の財産として育まれているか

　これらは、一部かもしれませんが、長期的に運営していくうえで大切な視点ではないでしょうか。よい意味で、その認知症カフェはその地域で「不要」になることもあるかもしれません。それは、認知症になっても参加できる別の場所がたくさんできたということが理由であることを願います。

# Q41 参加者がやめたいと言っています。どのように対応したらよいでしょうか

● **他の参加者に様子を聞いてみる**

　認知症カフェへの参加は自由ですが、これまで参加していた人が来なくなると心配です。認知症カフェは、オープンな空間でオープンな関係を築くことができます。その結果、これまでは要介護状態になってはじめて出会っていた専門職と地域住民、初期の認知症の人や家族が早い段階で顔なじみになることができます。したがって、認知症カフェに無理に誘い出すことはできませんが、来なくなった人の様子を関係ができた他の地域住民に聞いてみて、折を見て声をかけてもらうように働きかけてもよいかもしれません。地域に本当に密着していること、それが認知症カフェのよいところでもあります。

● **認知症カフェの目的をスタッフで確認する**

　認知症カフェのオープンな関係づくりには、難しい点もあります。地域の中で、もともと声の大きいリーダー的存在の人がその場の雰囲気をつくってしまうと、それに合わない人が出てきてしまう可能性もあるからです。認知症カフェの目的は、これまでのサロンやサークルとは違い、専門職が目的をもって、さりげなく先を見据えた運営を行いつつ地域の中に新たな「オープンな雰囲気の場」をつくることです。そのために運営の要（かなめ）となるコーディネーターを置き、ボランティアの運営スタッフにも趣旨と目的を理解してもらう必要があります。事前ミーティングや事後ミーティングを必ず行い、毎回、確認を行うことはとても重要です。

● **地域包括支援センターにつなぐ**

　在宅生活をしている認知症の人や家族から「参加をやめたい」という申し出があった場合には、その後の生活のフォローをするため、その地区を担当する地域包括支援センターの職員に相談しましょう。認知症は進行性の病気でもあり、近い将来介護サービスが必要になることを想定し、専門的支援に結びつけるようにしましょう。これが認知症カフェの目的でもあります。

# 3 ● 継続のための工夫

## Q42 症状が進行し、参加が難しくなってきた人を他のサービスにつなぐ方法を教えてください

### ● ミニ講話や相談コーナーから

　認知症カフェに参加する認知症の人は、今のところサービスにつながっていない人もしくは、居宅系介護サービスを利用している人がほとんどです。医療機関や介護保険事業所、地域包括支援センター等の関係者がかかわっていれば、必要な時に必要なサービスにスムーズにつながるでしょう。

　「オープンな認知症カフェ」では、まだ介護が必要ではない認知症の人もしくは認知症の疑いのある人が多く参加しています。認知症カフェでは、認知症の診断やケアプランの作成は行いませんが、ミニ講話や情報・相談コーナーなどで、介護保険の利用方法や介護サービスの種類などの情報提供を行い、初期から気兼ねなく介護保険につながるための支援ができます。

### ● 症状に合わせたサービス利用への入口

　「オープンな認知症カフェ」の参加者は、認知症ではない地域住民、認知症の疑いはあるが受診をしていない人やその家族、認知症と診断されたがきわめて初期の人、介護サービスを利用しながら在宅生活を継続している人などがいます。「本人・家族の認知症カフェ」の参加者は、認知症と診断されている人が中心で、すでにデイサービスやデイケアなどを利用している人も多くいます。

　このように参加者の状態は多様で、症状が進行し、日常生活の自立が難しくなってきた場合には、いずれ入院や入所サービスを利用することになるでしょう。すなわち、認知症カフェは、認知症のステージに合わせた介護サービスを選択する地域の入口として機能するため、地域には参加者のニーズに合わせた複数の認知症カフェがあることが望ましいのです。それによって認知症カフェに参加が難しくなった人が適切なタイミングで、適切なサービスにつながりやすくなるのです。

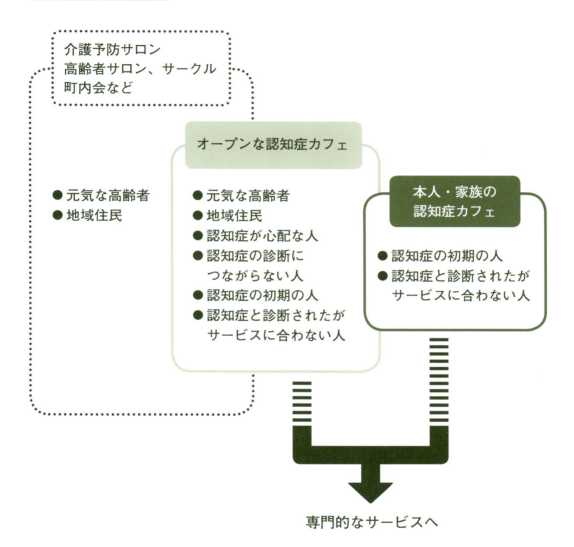

認知症カフェの段階性

　これまで施設と地域ははっきりと線引きがなされているように捉えられていました。地域の住民と施設職員や認知症の人とが出会う機会が少なかったことが理由かも知れません。認知症は、ゆるやかに進行し、見た目にわかりにくい病気です。そのため認知症カフェには、自然に専門的なサービスにつないでいく役割を担うことが求められています。

3 ● 継続のための工夫

## Q43 プログラムがマンネリ化している気がします。何かよい方法はありますか

### ●複数の企画・運営者で実施する

　プログラムのマンネリ化が気になる場合は、複数の企画・運営者のアイデアを参考にして、参加意義を感じられる仕掛けをつくりましょう。認知症カフェは、その地域の状況や参加者の要望によって変わっていくものです。したがって、企画・運営者を固定することが、マンネリ化を生む1つの要因になるかもしれません。認知症カフェが1997年から始まっているオランダでは、いくつもの法人や事業所の職員やさまざまな専門職がかかわり、連合体で運営しています。そのために、長年続いているにもかかわらずマンネリ化せずに実施できているのです。

　また、コーディネーターも複数で行っており、さまざまなアイデアを持ち寄って企画します。ここにも継続のヒントが隠されています。「土橋カフェ」(P138参照)は、医師の発案で始まりましたが、医師は表には出ず、裏方で町内会の人を支えています。また、研究者もかかわり裏方で支えていました。町内会で司会・進行を担当し、認知症カフェを切り盛りしています。よいアドバイザーや支えがあることも大切です。

### ●本人・家族の認知症カフェの場合

　「本人・家族の認知症カフェ」の場合は、家族に対しての配慮が必要です。同じ展開で行っていても家族が抱える負担感や不安感は解消しないので、時には家族だけの場所を設けることも一案です。主催者は、いつでも個別相談を行えるようにする配慮や、新たな情報やツールを紹介するように準備をすることが求められます。

　「カフェdeおれんじサロン」(P174参照)では、会の途中で、家族と本人が一緒に、「情報共有手帳」を作る試みを行っていました。自分たちの情報を医療・介護機関の関係者に知ってもらうための手帳です。話し合うことで、認知症カフェに参加した意義が得られ、また生活に役立つ、お互いの利益につながる活動もあります。「本人・家族の認知症カフェ」だからこそできる活動を加えることで、認知症カフェへの参加意義が生まれる工夫を考えてみるとよいのではないでしょうか。

# 第3章

# 認知症カフェの実践事例

　オランダで始まった認知症カフェは世界に瞬く間に広まりました。とはいえ、「文化や言葉が日本とは違うからなあ…」と思っている人もいることでしょう。しかし、事例をいくつか見ていくと文化の違いを超えて日本が学ぶべき点や共通する点がたくさん見えてきます。あまり堅苦しく考えず、とにかく読んで比べてみてください。たくさんの気づきや学びがあるはずです。本章では、便宜的に事例を2つのタイプに分けて整理しています。事例を読み進めていくと、もしかしたら「新たな枠組み」が見えてくるかもしれません。それが認知症カフェの可能性です。

# ① オープンな認知症カフェ

### 事例 1

オランダ

## アルツハイマーカフェ アムステルダム東
Alzheimer Café Amsterdam Oost

◆基本データ

| | |
|---|---|
| オープン | 2003年 |
| 開催日 | 毎月 第3火曜日 年間10回 |
| 時間 | 19:30～22:00 |
| 場所 | カフェ |
| アクセス | 鉄道の駅から徒歩2分<br>路面電車の駅近く |
| 参加費用 | 無料 |
| 参加者の予約 | なし |
| 参加要件 | だれでも参加可能 |
| 参加者数 | ●毎回約50人 ●認知症の人：4～5人 ●運営スタッフ：7～8人 ●その他：介護家族、その関係者、専門職（ソーシャルワーカー、ケースマネジャー、ケアワーカー）、地域住民など |
| メニュー | コーヒー、紅茶、生ビール、ワイン（アルコールは有料）、クッキー |
| 音楽 | ピアノの生演奏 |

## 歴史

　アムステルダムの東側に位置するこの認知症カフェは2003年にオープン。「2007年に現在のフロアの地下スペースを借りることができたの。その後、参加者が増えて手狭になってきたこともあって、現在のメインフロアに移ることができたのよ」とコーディネーターのイエンジュさんが説明してくれました。現在の場所は、彼女が普段から気に入って利用していたレストランで、オーナーに認知症カフェの意義を説明し、直接交渉した結果、使用できるようになったとのこと。

## 立地と入口

　会場であるカフェ「Frankendael」は、アムステルダム中央駅から路面電車で約15分。大きな通りに面した場所にあります。地域住民に愛されているであろうこのカフェは、昼間は近所の奥様たちがお茶とおしゃべりを、夜になれば地域住民が食事を楽しむ姿が目に浮かびます。交通の便はとてもよいのですが、送迎が必要な人は2ユーロ（約250円）でボランティアによる送迎を利用することもできます。

　白い壁と緑の屋根がとても洒落た雰囲気で、テラス席では何組かのカップルが談笑しながら食事を楽しんでいます。緑の大きな文字で「Café Frankendael」と書かれた看板が目を引きます。ここは、日本でいうところの喫茶店ではなく、レ

ストランといったところ。入口をくぐるとまっすぐ廊下が伸びていて、その左右に広いフロアが2つ。左側のフロアでは、若いカップルと2組の熟年の夫婦が食事をしている様子が見えました。右側のフロアのドアには「本日貸切」と書かれた小さな紙が貼ってあり、入口には「Dementia Café（認知症カフェ）」の赤いパネルが掲げられています。そのドアを開けると、薄暗いフロアに、間接照明が照らされ、コーヒーの香り、ピアノの演奏、活気のあるキッチンとカウンターなど、まるでパーティ会場のように特別感が漂っています。人が集うカフェには、このワクワク感が大切なのです。参加者はすでに歓談し、フロアの中央ではパソコンの準備をしている人も…。あたりを見回し、会場の隅に見つけた丸い小さなテーブルにひとまず腰を下ろしました。

会場は白い壁と緑の屋根のレストラン。夜はライトアップされ、よい雰囲気

## 目的と風景

　部屋には丸いテーブルがたくさん並んでいてかなり広く感じます。入口付近では、参加者と運営スタッフが話し込んでいる様子。コーディネーターのイエンジュさんは「入口でのコミュニケーションを大切にしているのよ」「話をすることで、参加者はリラックスできるの。そしてどんな人なのかわかるのよ」とのこと。彼女は、普段は「認知症ケースマネジャー」（日本のケアマネジャー）をしており、認知症カフェでの役割は「ディスカッションリーダー」。参加者名簿もなく、名札をつけることもしないスタイルについて尋ねると、「名前を書くだけで敷居が高くなるでしょ。会話の中で把握することができるから問題ないのよ」という返事が返ってきました。

　認知症カフェの目的は、認知症の人、介護家族、友人に情報を伝えること。認知症の症状は、進行の段階によって変わることを理解してもらうことであり、同じ体験をした人が出会い、語る場を提供することを目指しています。認知症カフェの目的は達成されているかどうかを尋ねると、「常連が増えたこと、新規の参

# 1 オープンな認知症カフェ

者も増えていることを考えると達成されていると思う」とのこと。

今日のプログラムは、認知症の告知に関するドキュメント映画『私の頭の中は、あなたの手の中に』(Mijn hoofd in jouw handen) を鑑賞し、認知症の人の心理と家族の心理について考えることでした。通常は4部構成で実施していますが、今回は映画上映なので、Q&Aを短めにして途中でカフェタイムを入れ、5部構成になっています。

## プログラム

### 19:30　オープン（第1部）

熱気あふれるフロア。座る場所を探しているうちに座席はなくなり、結局最初と同じ会場のいちばん後ろに座ることになりました。イエンジュさんと話をしていると、別の女性がテーブルに近づいてきて「コーヒー？　紅茶？」と気さくに声をかけてくれます。コーヒーをお願いすると、「あなたはどこから来たの？」「なんでも聞いてね！」と軽やかに応じてくれます。参加者は席に座っている人が約半数、残りは立ったままスタッフと話をしています。この会話で、参加者の名

会場内の様子。雰囲気のよい照明とピアノの生演奏が心地よい

前や属性を把握するそうです。今日の参加者は約50人。オープンから約30分、スタッフがあわただしくなってきました…。いよいよスタートです。

| | 時　間 | 内　容 |
|---|---|---|
| 第1部 | 19:30 | オープン・カフェタイム |
| 第2部 | 20:00 | 映画鑑賞 |
| 第3部 | 20:45 | カフェタイム |
| 第4部 | 21:10 | 映画鑑賞の続き |
| 第5部 | 21:30 | Q&A |
| | 21:45 | カフェタイム　自由に解散する |

### 20:00　映画鑑賞（第2部）

　コーディネーターのイエンジュさんはすぐに今日のプログラムの紹介をはじめます。「今日は、『私の頭の中は、あなたの手の中に』を観ましょう。こちらは監督のティムです」と、マイクを渡します。この映画の監督であるティムさんは、13年間介護職として働いていた経験を持ち、その時に認知症の人を理解するためのよい教材がなくて困ったという経験から今の仕事を始めたそうです。映画の登場人物は、50歳代の若年性認知症の女性とその夫。内容は、告知後の家族の生活の変化と認知症ケースワーカーのかかわりを描いたドキュメント映画です。

### 20:45　カフェタイム（第3部）

　映画が終わるとコーヒーを飲みながら感想を話す人、認知症について真剣に語り合う人、情報コーナーの資料を見る人など、参加者は思い思いにカフェタイムを過ごします。カウンターの周囲は、ビールに誘われてきた人たちでとても賑やか。この会場はレストランなので、ビールサーバーがあり、ボランティアが慣れた手つきで注いでいます。もちろんビールは有料。そして、BGMのピアノの生演奏が優しい雰囲気を演出しています。

　日本人が来ていると聞きつけたのか、映画監督のティムさんとひとりの女性が右手を差し出しながらこちらに歩いてきました。「日本でもこの映画の紹介をしてくれないか？　今度、日本に行く予定もあるんだ。日本語字幕を作ってくれよ」と、手を強く握ったまま続けざまに話し出します。隣りの女性は、映画に出ていた認知症ケースワーカーです。「私も日本が大好きよ。去年も日本に遊びに行ったのよ」と満面の笑み。すると横からまた別の女性が「来月、日本に遊びに行くの」などなど…。コーヒーを飲む暇もなく、あっという間にカフェタイムは終っていきます。

第3章　認知症カフェの実践事例

## 1 オープンな認知症カフェ

### 21:10　映画鑑賞(続き)(第4部)

　後半は、認知症の人の心理状況を認知症の人の目線で映し出していきます。周囲や家族の混乱、受け入れられない本人と家族の様子が描かれていて、リアルな描写でありながら家族の温かさを感じられ、後味よく仕上げられています。そして専門職のかかわりが大切であることも印象に残る映像です。

### 21:30　Q&A(第5部)

　会場の明かりが灯され、イエンジュさんが再び登場。監督のティムさんと一緒にスクリーンの前に立ちます。「みなさんいかがでしたか。ここで質問や感想を受けたいと思います」と言うと、初老の女性が遠慮がちに手を挙げます。「私の母親が認知症なので、情報がほしいと思って来ました。映画はとてもよかった。来てよかったと思っています。私の母は3年前から認知症で…」と、その経緯を話し始めます。発言者の話がなかなか終わらず、イエンジュさんは時計を何度も見ています。

　「今日は時間がないのでこのくらいにしましょう。最後に今日、はじめて参加した人に花束を贈りたいと思います」と言って、花束を手渡したところでお開き。あとは閉店時間の22時半まで自由に過ごしてよいとのこと。終わりの潔さが大切。

### 21:45　フリータイム

　参加者はばらばらと帰っていきますが、深刻な表情で専門職と話す家族や地域住民などもいます。一方では専門職やボランティアスタッフがワインを片手に談笑しており、さながら飲み会の雰囲気。私は、周りにいた人たちに質問をしてみることにしました。「どんな人が来るの」と聞くと、「認知症の人はだいたい3〜5人くらいかしら。常連さんも多いのよ。新規の参加者も毎回いるからこの認知症カフェの目的は達成されていると思うわ」とのこと。

　認知症カフェで大切なのは「敷居を下げること」ですが、ここのボランティアスタッフは本当に気さくであり、それがここの雰囲気をつくっています。さらに、「本当はね、もっと違うことしたいのよ。でもプログラムが決まっているでしょ。だから名前を変えるべきよ。認知症カフェじゃなくて『認知症インフォメーションカフェ』がいいわ。情報提供しているんだもの」と鼻息が荒い。この意見にはそこにいた全員が賛同している表情ではありませんでしたが…。「日本でやるのだったら文化や考え方を大切にして日本のスタイルをつくりなさい」というアドバイス

まで飛び出しました。

　この認知症カフェは、アムステルダム市から助成を受けて運営されているとのこと。そのため毎回簡単なレポート提出があり、年に4回ほど市の職員がチェックしにくるということを眉間にしわを寄せながら教えてくれました。

終了後も、介護家族と専門職が深刻な表情で相談を続けている

# ① オープンな認知症カフェ

## 事例2

### アルツハイマーカフェ ウェースプ

オランダ

Alzheimer Café Weesp

◆基本データ

| | |
|---|---|
| オープン | 2008年 |
| 開催日 | 毎月　第2火曜日　年間9回<br>（1、7、8月は開催しない） |
| 時間 | 19:00～21:00（21:00以降はバータイム） |
| 場所 | ホテルのパーティールーム＆バー |
| アクセス | 鉄道の駅から徒歩10分 |
| 参加費用 | 無料 |
| 参加者の予約 | なし |
| 参加要件 | だれでも参加可能 |
| 参加者数 | ●毎回約40人 ●認知症の人：4～5人 ●運営スタッフ：約10人（専門職含む）●介護家族や地域住民：20～25人 |
| メニュー | コーヒー、紅茶、生ビール、ワイン（アルコールは有料）、チョコレート |
| 音楽 | アコーディオンの生演奏 |
| その他の経費 | オランダアルツハイマー協会の予算<br>（講師、演奏、インタビュアーはボランティア） |

## 歴史

アムステルダム中央駅から電車で30分ほど行った小さな田舎町で開かれるこの認知症カフェは、2008年にオープンしました。ウェースプは、風車と跳ね橋、そして運河に映える街並みが美しいオランダらしい町。会場のホテルは、昔から住民の集いの場となっていて、ここで誕生日パーティーやビンゴ大会が行われるなどなじみ深い場所です。ここで認知症カフェが開催されることがこの地域にとって意味があり、まさに「認知症になっても大丈夫」な地域づくりが自然な形で啓発され、その意識が広がりをみせることが期待できる場所といえます。

## 立地と入口

最寄りのウェースプ駅から徒歩10分。駅からまっすぐ歩いていくと運河に突き当たり、跳ね橋を横目に右折し少し歩いたところにホテルが見えます。会場は、アンティークな庭がフランスの田舎町を思わせるこのホテルのパーティールームであり、バー＆パブスペースです。この会場は普段はホテルのパーティー会場として使われており、入口には皆で集まってサッカーの試合を応援する「Football Night」やビンゴ大会などのチラシがたくさん貼られています。この町でこのホテ

ルが愛されていることがよくわかります。ホテルの横の壁には「認知症カフェ」の大きなフラッグが掲げられています。

会場はこの小さなホテルのパーティールーム。「認知症カフェ」の大きなフラッグが掲げられている

## 目的と風景

「Bar＆Pub」と書かれた矢印の方向に進むと、会場内は薄暗く、部分的にスポットライトで照らされています。会場内はレトロなインテリアで飾られていて、天井にはミラーボールも。反対の壁際にはバーカウンターがあり、その前に置かれたビリヤード台にはスポットライトがあたり、認知症の情報誌がたくさん置かれています。ここが情報コーナーです。

まだ参加者が来ていなかったので、コーディネーターのリアさんが「今は大丈夫よ。話をしましょう」と椅子を出してくれました。リアさんはオランダアルツハイマー協会の職員でもあります。「この認知症カフェの目的は、テーマについて話し合うこと、情報提供をすること、それから認知症について敷居を低くすることよ」と、自信に満ちた表情で話してくれます。ここも他のオランダの認知症カフェと同様で、名簿も名札もありません。リアさんが言う「目的」を達成するために、これらは不要だということです。「雰囲気をつくることが大切よ。だからこの場所なの。リラックスできる雰囲気で地域の皆が知っている場所。ここはよい場所よ」。この場にいるとリアさんのひとこと、ひとことに説得力があります。

ボランティアは、地域住民、学生、専門職、施設職員、元介護家族などで10人ほど。専門職もボランティアとして参加します。ボランティアのルールは、大声を出さないこと、守秘義務の徹底、あいさつの3つだけ。ボランティアの中に、ひときわ若い女性がいました。

ライカさん（19歳）は、「大学で認知症のことを勉強し、興味を持ったの。ゼミの先生が勧めてくれて1年半前からきているの。毎回楽しみにしているわよ。彼

### ❶ オープンな認知症カフェ

氏も一緒に来ているの。今日はアルバイトで来られないのだけれど…」と話してくれました。この間ずっとアコーディオンの音色が心地よく流れていて、目の前にはいつの間にかコーヒーが置いてありました。

今日のテーマは、「認知症と口腔ケア」。歯科医師による話です。

会場内の様子。小さなステージにスタンドテーブルとアルツハイマーカフェのパネルを設置

コーディネーターのリアさん（左）と、ボランティアの大学生ライカさん（右）

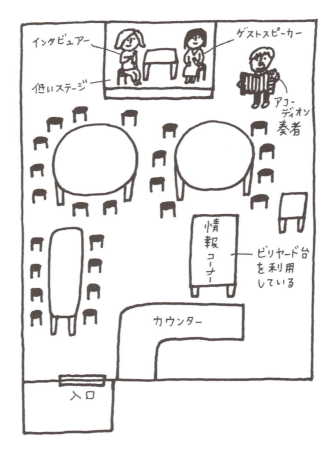

## プログラム

### 19:00　オープン(第1部)

| 時　　間 | | 内　　容 |
|---|---|---|
| 第1部 | 19:00 | オープン・カフェタイム |
| 第2部 | 19:30 | 講話 |
| 第3部 | 20:00 | カフェタイム |
| 第4部 | 20:30 | Q&A |
| 第5部 | 21:00 | バータイム　自由に解散する |
| | 21:30 | 終了 |

　美しい街の古いホテルのバーで、暗めの照明とスポットライト、落ち着いた雰囲気の女性が奏でるアコーディオンの音色…。この街の住民になったような気持ちにさせてくれます。とてもリラックスできる空間です。次々に参加者が訪れ、そのたびにリアさんと抱き合って再会を喜んでいます。5月のオランダの夕方はまだ寒く、ジャケットやコートを着込んだ人々は、入口のハンガーにかけていきます。オープンから20分、もうハンガーはいっぱいです。

　バーカウンターも忙しくなってきます。ボランティアの人たちが人数分のコーヒー、紅茶を手際よく用意していきます。

ボランティアのアコーディオン奏者。優しい音色が会場全体を包み雰囲気を盛り上げる

### 19:30　講話(第2部)

　アコーディオンの演奏が止み、前方に設置された低いステージの上の椅子に2人の女性が座りました。ひとりは本日の情提供者、もうひとりはインタビュアー。オランダの認知症カフェでは、インタビュー形式で進めることが多く、これは堅苦しくない雰囲気をつくり、内容をわかりやすくすることに役立っています。

　今日のインタビュアーはまるでBBCのアナウンサーのような話し方。聞いてみると、元介護家族であり母親を看取った経験があるとのこと。当時は認知症カフェの参加者でもあったそうです。現在は、コミュニケーション技術の研修講師と

第3章　認知症カフェの実践事例

129

# 1 オープンな認知症カフェ

のこと。インタビューの上手さに納得です。

インタビュアーが「さあ、始めましょうか。今日は、歯科医師による認知症と口腔ケアの話です。ところで、あなた（歯科医師）の仕事って何？　どんなことをいつもしているの？」と講師に問いかけます。テーブルを挟んだ向かい側で、歯科医師が微笑みながら話を始めました。講師が話しはじめ、途中でインタビュアーが質問を交えます。自然な流れでとても理解しやすく、まさに「ゆるやかに学ぶ」という表現がぴったりです。

しばらくすると話の途中で、参加者のひとりが手を挙げ、「私の母は認知症で今は施設に入っています。入所前はたびたびコーヒーの入ったコップに入れ歯を入れて洗っていました。コーヒーを飲んでいる途中によ！　私は恥ずかしくて誰にも言えなかったの」と発言しました。どうやらこれを止めさせたかったということらしいのです。歯科医師は「ずっとは見ていられないから仕方ないわ。恥ずかしがらないで」と励まします。

講師の話が終わりそうなとき、またひとりの参加者が手を挙げ、「私は施設で介護をしています。歯みがきをする時、嫌がる人、暴れる人はどうしたらいいの？」と質問。結構長い質問でしたが、歯科医師は「無理には行わない」と、意外とあっさりとした回答を返します。その直後にまた手が挙がり…、長くなりそうな予感がしていると、時計はちょうど30分経過。コーディネーターのリアさんを見ると、前方を見て、両手を合わせたり開いたりしています。リアさんの視線の先には、アコーディオン奏者の女性。その瞬間「♪〜♪〜」と、アコーディオンが流れ始め、インタビュアーが「時間ね。残りは休憩の後で」と質問を遮りました。時間管理はアコーディオンの役割なのです。質問者も納得したようで挙げた手を降ろし、そのままコーヒーカップを手にとりました。

## 20:00　カフェタイム（第3部）

アコーディオンの音色は会話の邪魔をしません。その音色が、さらに参加者の口の滑りをよくしているようで、皆、会話を楽しんでいるようです。コーディネーターのリアさんが「今日は認知症の人が何人か来ているから紹介するわ」とエドワード夫婦を紹介してくれました。妻（75歳）が認知症で、介護者は夫（77歳）。1年半前に認知症の診断を受け、現在は在宅生活。サービスは今のところ何も利用していません。

半年前からカフェに参加しているエドワード夫婦。奥さんは1年半前に認知症の診断を受けている

　夫は特に躊躇することなく、自分の頭を指さし、妻の顔を見ながら「妻は認知症なんだ」と言います。妻もそのしぐさを見て軽く微笑み、うなずきます。「ここに参加したきっかけは、病院の脳神経科の医師からの紹介なんだ。『一度行ってみるといいよ』と言われたんだ。今回で5回目で半年前からきているよ」と嬉しそうに話してくれました。「日本にもあるんだろう？」と聞かれたので「日本ではまだ始まったばかりで、皆注目しています」と答え、「ここにはなぜ来るのですか？」と尋ねてみました。「テーマがいつも違うから何回も来てみたくなるんだ。前回は精神科の医師が話をしたよ。とても楽しいよ。ためになるしね」とのこと。さらに、「ここまでは、どのように来るのですか？」と聞くと、「家からここまでは約1キロで、歩いて参加しているよ。ここは、昔からなじみの店だったし、妻ともよく来ていたんだ」と、ふたりで顔を見合わせました。

　ここでアコーディオンの演奏が止み、参加者が再び席に座り始めました。

## 20:30　Q&A（第4部）

　Q&Aのコーナーは、インタビュアーが講話の内容を振り返りながらいくつか質問を投げかけ、講師がそれに答えるという方法です。「何か質問はありますか？」とフロアに問うと、すぐに手が挙がり、「歯科医に認知症であることをはじめから伝えなければならないの？」。歯科医師は、「そうね。まずは認知症に対応できるかを聞いてみる必要があるわ」というやりとり。また別の参加者から「対応できると答えてくれればいいけれど、できない場合にはどうしたらいいの？　どこに行けばいいの？」とやや険しい表情で質問。講師は、「私のところに来ればいいわ」と答え、質問者は安心した表情で「それはいいわ。後で詳しく話をしましょう」と言い、講師もニコッと微笑みます。オランダでは、歯科も含めてかかりつけ

## 1 オープンな認知症カフェ

医はその地域で利用する制度です。

その後も続けて何人も質問し、議論が続きました。オランダ人は議論が大好きな国民性だとか…。オランダに来てからテレビを点けると、討論番組ばかりやっていたことも納得できました。

リアさんの動きがあわただしくなり、また、手を広げたり閉じたりしています。再びアコーディオンが鳴り始め、インタビュアーが「時間よ。今日はここまで」と終わりを告げます。時計を見ると20時55分ピッタリです。リアさんが花束を持って、講師、アコーディオン奏者、認知症の人に手渡し、会場は拍手に包まれます。そして、参加者はそれぞれに席を立ち始めました。

### 21:00〜　バータイム

バータイムに残る人は、専門職に相談がある人、もっと話をしたい人、そしてお酒を飲みたい人など。有料ですがビールやワインを片手に、チョコレートをつまむ人もいます。そんな人々を眺めていると、こちらに参加者がたくさん寄ってきて話しかけてきます。「日本人は背が低いのになぜあなたは高いの？」「あなたは、どんな仕事をしているの？」「私の仕事を教えるわ」など。日本人の私に興味津々のようです。

立ち話をしている人もたくさんいましたが、21時半には参加者は全員いなくなりました。この後、ボランティア、スタッフが集まり、反省会を始めていました。夜はまだ長そうです。

## 事例3

# アルツハイマーカフェ ホーエファ

オランダ　Alzheimer Café Voorhoeve

◆基本データ

| | |
|---|---|
| オープン | 2000年 |
| 開催日 | 毎月　第1火曜日　年間8回 |
| 時間 | 17:30〜19:40 |
| 場所 | 自立型老人ホームの1階　レストラン |
| アクセス | 路面電車の駅から徒歩2分 |
| 参加費用 | 無料 |
| 参加者の予約 | なし |
| 参加要件 | だれでも参加可能 |
| 参加者数 | ●毎回約30人 ●認知症の人：2〜3人 ●家族：15〜16人 ●地域住民：2〜3人 ●専門職：2〜3人 ●運営スタッフ：3人 |
| メニュー | コーヒー、紅茶、サンドイッチ |
| 音楽 | ピアノの生演奏 |

## 歴史

2000年にユトレヒトの郊外で始まったこの認知症カフェは、月に1回、年間8回開催されています。15年以上続く老舗であり、開始当初からこの場所にあります。

## 立地と入口

ここはユトレヒト中央駅から路面電車に乗って約15分、5駅ほどの駅で下車し、歩いて約2分の場所にあります。高速道路の出口から降りてすぐの場所でもあり、車でのアクセスもよく、交通の便は比較的よいと言えます。しかし、会場は自立型老人ホームの中にあって、「開かれた場所」という雰囲気ではありません。大通りからぐるっと回ったところに入口があり、本当にこの場所で開催されているのか心配しながら歩いていきました。

特に看板も出ていなかったので、施設の名前を確認し、恐る恐る中に入ると、広いホールに施設の総合受付がありました。そこに座っていた女性に「ここで認知症カフェはやっていますか？」と聞いてみると、微笑みながら「17時半からで

会場は自立型老人ホーム。ここのレストランは地域に開放されている

# 1 オープンな認知症カフェ

すよ。どうぞ中に入って」と促されました。よく見ると総合受付の横に「アルツハイマーカフェ」と書かれた小さな看板がありました。

## 目的と風景

この認知症カフェの目的は、認知症について学ぶこと、認知症の人も参加できる雰囲気をつくり、居心地のよい空間をつくること。これは、オランダの認知症カフェの基本的な目標といえます。この日は、コーディネーターが体調を崩して急に来られなくなってしまったそうで、スタッフはとても忙しそうです。

会場内は、オレンジや赤など明るく温かい色を多用しています。家具や照明などのインテリアはシンプルでデザイン性の高い北欧風。センスのよさをうかがわせます。

会場内の様子。今日は映像を見るためにプロジェクターを準備中

## プログラム

プログラムはオランダの認知症カフェのスタンダードな手法で、落ち着いた雰囲気を醸し出しています。15年という長い経験によるものなのか、安定感とゆるやかな時間を感じることができます。会場には、いかにも座り心地のよさそうな大きな椅子が窓辺に並べられています。中央の大きなテーブルにプロジェクターが置い

てあり、2人の運営スタッフが難しい顔をしてパソコンと格闘しているようです。

今日のプログラムはオランダアルツハイマー協会が作成した『認知症を体験する』というタイトルの映像を皆で観る予定。オランダアルツハイマー協会では、さまざまな教材を作成し提供しています。今日の映像は、「気づきから診断とその後」の出来事を認知症の人の視点と家族や周囲の視点から見た作品です。これを観て、参加者それぞれの体験や感想を聞くこと、そして議論することが今日のプログラムの内容です。

### 17:30 オープン(第1部)

会場に入るとすでに数人の参加者とボランティアが席に座っています。ボランティアの女性がすぐに、「コーヒーにしますか？ 紅茶にしますか？」と微笑みながら聞いてくれます。「コーヒーをお願いします」というとすぐに運んでくれ、「パンもあるから食べてくださいね」とカウンター指をさします。見るとカウンターに、チーズやハムを挟んだパンが山積みになっています。「いくらですか？」と聞いてみると、笑いながら「フリーよ」という答えが返ってきました。オランダはシンプルな生活スタイルで、倹約家が多い…。夕食もシンプルで、パンとタマゴ、コロッケなどで済ますらしいのです。会場内がやけに暗いのも倹約家の表れで、夕方になって本当に真っ暗になるまで電気は点けないとのことです。そんなやり取りをしているうちに、いつの間にか満席になっていました。

気がつくとピアノの生演奏がとても心地よく場内に響いています。ピアノを弾

|  | 時間 | 内容 |
|---|---|---|
| 第1部 | 17:30 | オープン・カフェタイム |
| 第2部 | 18:00 | DVDを視聴① |
| 第3部 | 18:25 | カフェタイム |
| 第4部 | 18:50 | DVDを視聴② |
| 第5部 | 19:20 | Q&A |
|  | 19:40 | カフェタイム　自由に解散する |

手作りの「チーズサンド」と「ハムサンド」はなんと無料。オランダ人は、シンプルを好むので、チーズとハムを一緒に挟むことはないとのこと

# 1 オープンな認知症カフェ

いているのは、寡黙な男性。

## 18:00　DVD視聴①（第2部）

　薄暗い会場でピアノを演奏していた男性が手を止めるとカーテンが引かれ、会場はさらに暗くなります。コーディネーターのハンスさん（女性）が中央に立ち、「本日は『認知症を体験する』というアルツハイマー協会が作成した映像を皆で観ましょう」と、こちらもシンプルな説明。この時、特に時間やプログラムの詳細は説明されていません。担当のボランティアが、神妙な顔つきでパソコンを操作し、無事に映像が始まります。映像の内容は、ある場面について、認知症の人、周囲の人、介護者、医師のそれぞれの視点で解説が加えられるものです。

　　場面①…本の場所がわからない
　　場面②…自転車の鍵がわからない
　　場面③…家庭内で困惑する認知症の人と家族
　　場面④…家族がわからない
　　場面⑤…医師からの診断

　場面①から⑤まで視聴したところでコーディネーターのハンスさんが、「みなさんどう感じましたか？」「家で介護をしますか？」と、参加者に意見を求めます。しばらくすると参加者から、「この映像のかかわりはよくないね」との感想。ここでピアノ演奏が始まり、これを合図にカフェタイムに入りました。実に自然な流れ。

## 18:25　カフェタイム（第3部）

　静かに話をする人、黙って座っている人、パンフレットを眺める人…。ここでは無理に会話を盛り上げることはせず、大きな声も出しません。ボランティアは参加者にあまり介入していない様子。机と机がある程度離れていて、全体で盛り上がることは意識していないようです。ボランティアの女性がまた「コーヒーのおかわりはいかが？」と柔らかな笑顔で話しかけてきます。ゆるやかな時間の流れを感じながら「これがカフェ的な時間の流れなのだろう…」と実感しました。この間、寡黙なピアニストは途切れることなく演奏を続けていました。

## 18:50　DVD視聴②（第4部）

　30分ほどすると、再びDVDの視聴が始まります。先ほどの続きの場面から。

　　場面⑥…家の中でのさまざまな出来事

ハンスさんは映像を途中で止め、「この映像の対応について問題点はありますか？」と参加者に問いかけます。参加者の反応がなかったので「では、映像を観た感想を聞かせてください」と質問の内容を変更します。すると「とても興味深い映像だけど、続きがとても気になる」「この続きはどこで観られるのか？」と真剣な顔で次々に質問しています。ハンスさんが映像について解説し、続きはアルツハイマー協会のホームページで観られることを伝えました。

### 19:20　Q&A（第5部）

ハンスさんは「そのほかに質問はありますか？」と会場に促します。すると何名かが手を挙げて質問します。「ひとり暮らしの人はどうすればいいですか」「ヘルパーは何をしてくれるの？」「制度が変わってサービスが悪い。特に今年からは食事も冷たくなっている」など。これらの質問には、参加者の中の専門職が回答しています。この人はこの地域のケースマネジャー（日本でいうケアマネジャー）で、ひとり暮らしでも利用できるサービスやホームヘルパーの仕事の内容を説明します。食事が冷たいという意見については、「私たちも困っているの…」と申し訳なさそうにサービスの事情を説明をしました。

次に別の女性が「84歳の母が認知症かもしれない。心配だわ」と発言。すると、ハンスさんは、「今日のテーマとは違うかもしれないけど」と前置きをして、認知症の「原因疾患」について解説しました。会場の参加者は真剣な表情でその話に耳を傾けています。

### 19:40　カフェタイム

コーディネーターのハンスさんが「時間なので今日は終わりにしますが、最後に今日もっとも遠くから来てくれた人に花束をお渡ししたいと思います」と言って、小さな花束をひとりの女性に手渡します。どうやらこれは恒例の模様。どこの認知症カフェでも行われています。さらに「もう少し時間があるので皆さんくつろいでいってくださいね」と言って、カップを片手に専門職のスタッフと談笑を始めました。

### 20:00　解散

しばらくするとスタッフが片づけをはじめ、予定通りに終了しました。

# 1 オープンな認知症カフェ

## 事例4

### 土橋(つちはし)カフェ
（神奈川県川崎市）

日本

◆ 基本データ

| | |
|---|---|
| オープン | 2013年 |
| 開催日 | 毎月　第1水曜日　年間12回 |
| 時間 | 13:30～16:00 |
| 場所 | 土橋会館（自治会館） |
| アクセス | 東急田園都市線宮前平駅より徒歩10分 |
| 参加費用 | 100円 |
| 参加者の予約 | なし |
| 参加要件 | 誰でも参加可能 |
| 参加者数 | ● 毎回約70～80人 ● 認知症の人：3～5人 ● 家族：6～7人 ● 地域住民：約50人 ● 専門職：約10人（医師、看護師、地域包括支援センター職員、医療ソーシャルワーカー、家族会代表など）● 運営スタッフ：約15人 |
| メニュー | コーヒー、紅茶、抹茶、菓子 |
| 音楽 | 終了時CD |
| 会場使用料 | 無料 |
| その他の経費 | すべて参加費で賄う |

## 歴史

　ここは日本にある認知症カフェの中で、オランダの認知症カフェに最も近い雰囲気を持つカフェではないでしょうか。2013年9月にオープンした土橋カフェは、高橋正彦医師の発案で町内会の老門泰三さんに話が持ちかけられました。高橋医師と地域包括支援センターの「認知症の人を早期診断、早期支援に結びつけたい」という思いと、老門さんはじめ町民の「高齢化が徐々に進むこの町のために何かしなければ」という思いが一致したのです。

　しかし、すぐに認知症カフェが始まったわけではなく、まずは町内会を対象に認知症サポーター養成講座を開催しました。認知症サポーター養成講座は、通常は1回で終わりますが、これを4回シリーズの講座として実施し、最終回に認知症カフェを提案してみました。すると、参加者のほとんどが前向きに考えてくれて開催へと動き出したのです。その時の講座の内容は、①認知症とは、②地域で支える方法、③認知症の人への対応方法（寸劇）と続き、④最終回はグループワークで地域の課題を出し合い、認知症カフェの開催を提案したそうです。

## 立地と入口

　会場は、川崎市宮前区にある土橋会館。東急田園都市線宮前平駅から徒歩10分

ほどの場所。近くには「宮前神社前」というバス停があります。土橋会館は公園のわきの住宅街の一角にあるらしいのですが、気温35度を超える酷暑の中、場所がわからずウロウロ。

　ようやくたどり着いた会場は、普通の一軒家のようなたたずまいで駐車スペースは2台ほど。ここを利用するのはほとんどが近所の住民であり、徒歩での利用が多いとのこと。よく見ると「土橋カフェ」と書かれたとても小さな看板が掲げられていました。

　入口付近には、本日の参加者らしき人が数人います。「こんにちは。認知症カフェはここですか？」と尋ねると「そうみたいですよ」となぜか他人事のような返事。後でわかったことですが、このとき声をかけた人は見学者でした。見学者は毎回10人程度いるとのこと。

　不安を抱えながら、玄関をくぐるとすでにすごい熱気。8割方席は埋まっていました。「今日は暑いねえ。エアコンかけてるんだけどねえ」と言いながら、スタッフは参加者にうちわを配っていました。会場全体に目を移すと、赤い絨毯の高座らしきものが見えます。今日は、落語家が来るらしい…。「夢見亭わっぱ師匠による落語講座」と銘打ち、落語を通して振り込め詐欺や悪徳商法の被害防止を訴えるという企画です。

会場は住宅街にたたずむ土橋会館。普通の一軒家のようなたたずまい

## 目的と風景

　参加者名簿はなく、名札もつけません。来る時間も帰る時間も自由。自治会館だからこそ「カフェ」らしい雰囲気をつくり出したいというスタッフの思いが十分に感じられました。コーヒーは豆から丁寧に挽き、2台のコーヒーメーカーは70人の参加者のためにフル稼働しています。アイスコーヒーも手抜きなくドリップしたコーヒーをその場で冷やして作っています。

　高橋医師は、「地域の中で地域の人が運営することが大切なんです。目的は、

# 1 オープンな認知症カフェ

地域の人が主体的に学び出会う場を作り、認知症の早期診断につなげること。そして専門職がいることで問題が解決するのがこの認知症カフェの特徴です」と明確に答えてくれました。高橋医師はスウェーデンに留学した際に、ノーマライゼーションの理念を実現するには認知症カフェは有効なツールであると感じたとのこと。ノーマライゼーションは「障がい者福祉」の問題として捉えがちですが、援助の基本的な考え方であることをあらためて気づかされました。認知症カフェは認知症の人への偏見をなくし、ノーマライゼーションを促進する装置と言えます。

土橋カフェには、医師だけではなく、地域包括支援センターの職員や保健師など多くの専門職が参加していますが、皆、黒子に徹しているのが特徴です。運営は、町内会、民生委員が中心で、ファシリテーターや司会も担っています。この体制が、緩やかな雰囲気の演出につながっているのだと思います。また、意識的にサロンと混同されないような仕掛けもなされていて、3回に1回は医師による「認知症に関する講話」を行っています。

## プログラム

### 13:30 オープン（第1部）

土橋カフェのプログラムは、オランダの認知症カフェのような明確な区切りはありません。今日のカフェコーディネーターが前に立ち、「はじめての人もいると思いますので」と、簡単にシステ

| | 時　間 | 内　容 |
|---|---|---|
| | 13:00 | 開場 |
| 第1部 | 13:30 | オープン |
| 第2部 | 14:00 | ミニ講話（落語講座） |
| 第3部 | 14:55 | カフェタイム |
| | 15:05 | 一部介護予防体操（カフェタイムは継続） |
| 第4部 | 15:30 | カフェタイムと個別相談 |
| | 16:00 | 終了 |

ムの紹介をしてくれます。参加費は100円で飲み放題。スタッフに注文するとチケットがもらえて、飲み物が運ばれてきたら100円を支払うとのこと。多くの人はすでに知っているようで、スタッフが効率よく注文を聞いて回り、チケットを配っていきます。このシステムは、会場が狭いので混乱することを防ぐための方法。カウンターには、男性2人、女性1人のスタッフがいて、多くの参加者の飲み物をにこやかにさばいていく。「こんなにたくさんの注文、大変じゃないですか？」と尋ねると、「そんなことないよ。大丈夫」と、どこまでもにこやか。

フロア内を見渡すと男性スタッフの多さに驚かされます。飲み物が運ばれてくる間、参加者同士のおしゃべりに花が咲いています。「ほとんどの参加者は知っている仲間で、この地域が開発された40年前から住んでいる人が多いのよ。当時はまだ住宅も少なくて竹藪ばかりだったけれど、高速道路と東急電鉄が開通して、どんどん開けていったの。そのころから知っている人がたくさんいるの」と隣りの女性が教えてくれました。

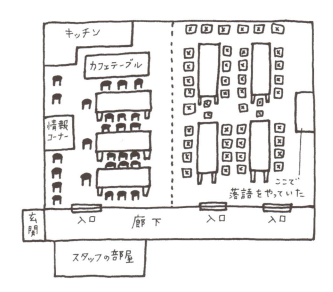

## 14:00　ミニ講話（第2部）

会がはじまってから30分ほどで、すべての参加者に飲み物が配られ、見計らったかのように本日の講話が

落語を通した消費者被害防止の講座。会場全体が爆笑に包まれている

始まりました。講師は、夢見亭わっぱ師匠で、演題は「笑って撃退！悪徳商法」。川崎市消費者行政センターからの派遣のため、講師料などの費用負担はありません。大きな笑いに包まれ、より一層盛り上がりを見せます。

## 14:55　カフェタイム（第3部）

ミニ講話は当初40分の予定でしたが、参加者の要望で55分間にわたって行われました。あっという間に時間は過ぎてしまった感じで、終わっても会場内のあちらこちらで「振り込め詐欺」の話題に花が咲いています。講話の後のこうしたおしゃべりは、講話の内容を現実の具体例とすり合わせることにつながり、会話の深まりを見せています。

# 1 オープンな認知症カフェ

会場内のあちこちで会話が飛び交っているところに、若い小柄な男性が現れました。この男性は、土橋会館近くにあるフィットネスクラブのスタッフで、この地区の高齢者にとっては、介護予防教室でおなじみの人。ここでも毎回、介護予防体操の紹介を行っていて、希望者数人が前に出て、この男性から直接、運動指導を受けていました。

## 15:30　カフェタイムと個別相談（第4部）

会場の熱気はさらに上昇したところで、うれしいお知らせ。「今日はとても暑いので、特別にかき氷を用意しました〜」と、各テーブルにかき氷が配られました。昔ながらの機械で作られた自家製かき氷です。

15時半を過ぎると、少しずつ参加者も帰り始めます。特に終わりのあいさつもなく自然に解散している様子。会場に残ったのは、高橋医師と地域包括支援センターの職員、元看護師と介護者で、神妙な顔つきで介護の悩みについて話し込んでいました。この時間帯は、介護の相談やサービスの相談が多く、「問題解決につながる」という目的の1つが達成される時間です。

この間に、老門さんに運営方法について尋ねてみると、「地域包括支援センターの職員も深くかかわっていますよ。センター長の明石光子さんを知らない人はこの地域にいないというぐらい顔の広い人なんです」とのこと。その明石さんは、「地域包括支援センターの職員や医師は、あくまで裏方的存在で出過ぎないことをモットーにしています。あくまで住民主導とした出発点が大切だと思っています」と。このバランスがよいのかも知れません。もう1つ「なぜ、認知症カフェという名称を使わないのですか？」と聞いてみました。これについては、認知症カフェという名称は時期尚早だと思っている、日本ではまだなじまない可能性もあるとのことでした。

土橋カフェは特別なことをしているわけではありません。しかし、時間の演出

抹茶のコーナー。以前は認知症の人が担当していたが体調不良のため今日は地域の方が担当

が上手で、何より町内会が組織的に運営に深く携わり、専門職がさりげなく支えているという構図がとてもスマートに感じられました。話は尽きない様子でしたが、いつの間にかBGMがかかり、これが終わりの合図にもなっているようで、ボランティアが少しずつ会場の片づけをはじめていました。

### 16:00　解散

終了予定時刻の16時に、会場は完全に復旧されました。日本らしくもあり、同時にオランダの雰囲気ををさりげなく感じさせる認知症カフェでした。

---

**コラム　驚きの出会い**

　土橋カフェを訪問した時のことでした。そこで意外な人に出会いました。会場のいちばん後ろの座席に、何やら必死に話す介護家族の声に耳を傾けている女性がいました。家族の会の人が介護家族にアドバイスしているのだろうと思ったのですが、気になって横目で見ていると、ふたりの話が終わり、相談を受けていた女性がこちらを見てニコッと笑いました。私もとりあえず笑顔で返し、その優しいまなざしに吸い寄せられるように近づいていき、「こんにちは」と会釈しました。「あなたが矢吹さんね。五島シズです」「えっ、五島シズ先生！」。

　五島先生は、日本の認知症ケアを看護師の立場で切り開いた草分け的存在で、1983（昭和58）年に聖マリアンナ医科大学で長谷川和夫先生、今井幸充先生、加藤伸司先生らと共に、日本ではじめて認知症高齢者向けのデイケアを始めた人なのです。当時、看護師長として看護を指揮しながら、在宅の介護家族支援に目を向け、以降、その道の第一人者として現場実践だけではなく認知症ケアの先端的研究を行ってきたカリスマともいうべき人です。

　御年80歳を超えているはずですが、今でも「認知症ケアアドバイザー」として、土橋カフェでの介護家族の相談のほか、ご自身のホームページでの介護相談、講演活動などで毎日、忙しく過ごされているとのことです。土橋カフェの底力を感じた驚きの出会いでした。

　地域にはさまざまな人がいて、豊かな知恵や知識を持った人がたくさんいます。こうした人材を発掘できること、そして出会うことができるのも、出会いの場としての認知症カフェの機能といえます。

# ① オープンな認知症カフェ

## 事例5

### みたか夕どきオレンジカフェ
（東京都三鷹市）

日本

◆基本データ

| | |
|---|---|
| オープン | 2014年 |
| 開催日 | 毎月1回　第4火曜日　年間12回 |
| 時間 | 19:00〜21:00 |
| 場所 | みたかみんなの家 |
| アクセス | JR中央・総武線三鷹駅より徒歩15分 |
| 参加費用 | 100円 |
| 参加者の予約 | なし |
| 参加要件 | 認知症の人、家族、地域住民　地域の専門職 |
| 参加者数 | ●毎回約10人 ●家族：1〜2人 ●元介護者：2〜3人 ●専門職：1〜2人 ●地域住民：1〜2人 |
| メニュー | コーヒー、緑茶、菓子 |
| 音楽 | なし |
| 会場使用料 | 年間2万円 |
| その他の経費 | 以前は補助金を活用していたが、現在は会員有志の拠出金（年間約10万円）で賄っている |

## 歴史

「イベント的に介護のことを学んでも忘れてしまう。いつでも学ぶ場が必要だと思う。継続的に顔を合わせることに意義があると感じている」と代表の石村巽さん。「みたか・認知症家族支援の会」は、2010年から認知症の人や介護者が過ごしやすい街づくりを目指して活動を展開してきた市民の自助グループ。その活動の一環として日中の時間帯（14:00〜16:00）に行われてきた「みたか・オレンジカフェ」は、高齢者介護・認知症のなんでも相談場所として機能しており、介護者向けのサロン的な活動としては東京でも先駆的事例です。しかし、日中は仕事で忙しい人や昼間参加することができない人もいます。その人たちのためにつくられたのが「みたか夕どきオレンジカフェ」で、2014年7月にオープンしました。

「みたか・認知症家族支援の会」は、このほかに、家族会の立ち上げ支援、地域との連携、身の回りの小さな困りごと支援など、この地域の高齢者問題を幅広く支援しています。

## 立地と入口

　「みたか夕どきオレンジカフェ」は、JR三鷹駅から徒歩15分程度のところにある「グループリビングみたかの家」の共有スペースで開催されます。この「みたかの家」には、NPOが運営する高齢者向けシェアハウスと共有スペースがあります。ここは普通の民家を高齢者向けのシェアハウスとして改築したので、外観は普通の住宅そのものです。よく見ると「みたかの家」という看板が掲げられていました。

　19時から開催されるということで、少し早目の18時半頃に到着しました。見たところ雨戸がすべて閉まっていて、実施されるのかどうか不安になりました。そこで代表の石村さんに電話をしてみると、電話の先でガタガタと大きな音がして、玄関から汗だくの石村さんがにこやかに出迎えてくれました。ちなみに、広報は自作のチラシを市民協働センターや福祉会館に置くことと、ホームページでの開催告知のみ。駅の近くの場所を借りて開催していた頃はこの方法でたくさんの参加者が集まったということでしたが、「場所を移動してからは、なかなか集まらなくてね…。もっと多くの人に知ってもらうために三鷹市や社会福祉協議会の広報誌への掲載を依頼するつもりです」とのことでした。

会場は、普通の民家を高齢者向けのシェアハウスとして改築した建物

## 目的と風景

　18時45分に主催者である石村さんが会場の鍵を開けるところから始まります。「いつもこんな感じですよ。私が鍵を持っているので、その時間が開場ということになります」と話してくれました。「みたかの家」は、現在は入居者がいないため、気温が35度ともなると、建物内は真夏の蒸し暑さがそのまま残っています。したがって、まずは空気を入れ替え、エアコンをつけます。

　普通の住宅と同じような玄関を抜け、通された場所は本日の会場となる一室

# ① オープンな認知症カフェ

で、6畳程度の洋間。小さなテーブルが1つ、小さなソファが1つ用意されています。「介護者や関係する人の居場所づくり。もともと昼間に「みたか・オレンジカフェ」を開催していましたが、特に働いている人が参加できるように夜に開催することを考えました。昼は主婦が多く、夜は男性が多いですよ」と石村さん。穏やかでそして丁寧な語り口調は安心感があります。

昼間の「みたか・オレンジカフェ」の様子。奥の赤いベストを着ているのが代表の石村さん

## プログラム

プログラムは特に用意されている訳ではありません。というのも6畳程度のこの部屋では動くこともままならないからだそうです。しつらえを変えることもなく、そのままの普通の部屋。学生時代に友人のアパートに遊びに行ったことを思い出

| 時　間 | 内　容 |
|---|---|
| 19:00 | オープン |
| 19:00 | カフェタイム（近況報告）<br>この時間の使い方は特に決まっているわけではなく、自己紹介、勉強会と称した講話、介護者がいる場合には悩みを聞く（傾聴）など、その時の状況によって変わる。 |
| 20:15 | カフェタイム（ディスカッション）<br>介護問題や地域問題について議論。その時によって内容は変わる。 |
| 21:00 | 解散 |

しました。

　名札も名簿もなく、基本的には、傾聴と情報交換を行います。困り事があるときや助けが必要な場合はお互いに助言をし合い、サービスが必要な場合は紹介します。ここには現役の専門職はいないので、情報交換が主な機能として考えられています。

## 19:00　カフェタイム（近況報告）

　開始時刻の5分前になると数人の男性が話しながら会場内に入ってきました。その5分後には、運営ボランティアの若い男性が近所のスーパーのビニール袋にお菓子を入れて運んできました。「お茶はそこに入っているはずだよ」と石村さんが冷蔵庫を指さすと、その男性が冷蔵庫からお茶を取り出し、食器棚からコップを人数分用意してくれました。

　その間にまた男性が2人入ってきて合計で6人になったところでおもむろにカフェタイムが始まります。この日の参加者は全員男性です。小さな部屋に大人の男性が所狭しと座り、やはり大学生が友人のアパートに集まって何やら企てているような光景です。

　今回ははじめて参加する人はおらず、皆よく知っている間柄のようです。一応、自己紹介をし、自分の介護に対する思いを語り始めました。ファシリテーターは石村さんが担当。

## 20:15　引き続きカフェタイム　（ディスカッション）

　一通り全員が話し終えると、話題は、日本の介護の現状、生産年齢人口の減少問題、空き家問題、東京都の地域ケアの推進に関する課題など、参加者がお互いに意見や疑問を投げかけ、真剣に議論が展開されました。もちろん結論があるわけではなく、議論を重ね、いろいろな人の意見に耳を傾けることを楽しんでいるようにも見えました。

　「在宅介護と就労との両立が難しい」「介護離職が切実なんだ」と過去の経験を振り返り、今苦しんでいる人を何とかしたいと議論は続きます。「社会全体として介護を支えるためのサービスが不足している。新たなビジネスが必要だよ。この前ある大学に行ってきたけれど、学生や若い人には意識の高い人が多いと思う。だから、学生や若い人が高齢者を人材とした介護ビジネスを始めるべきだと思う」と具体案も出されます。「シルバー人材サービスのような公的なサービスもあるけ

## ❶ オープンな認知症カフェ

れど、何より急な対応が難しくて…。草むしりや作業ではなく介護や直接的な支援にはならない。これは大きな課題」。そして「地域の問題は介護だけではなく、障害者のケアや子育てについても一緒に考えなければならない」と、地域全体で必要なこと、見えない課題を解決することの重要性を石村さんは説明していました。それを一生懸命メモする人、何度もうなずく人など、それぞれが耳を傾けています。

「みたか夕どきオレンジカフェ」では、時に勉強会と称して、介護の話を聞く機会を持っています。また、介護者がいるときは徹底して傾聴を心がけるようにしているとのこと。時に認知症の人も一緒に来られるそうです。

「みたか夕どきオレンジカフェ」には、「男性が介護を社会問題として捉え、地域を変えていかなければならない」という考えが根底にあり、そのために働きながら介護する人も支援したいという思いから始まっています。地域の課題解決のためのカフェであるという認識があるのです。そのために「人は来なくても必ず開く」という方針は崩せないということです。

この認知症カフェは、「支えることで、支えあう」という地域全体の支えあいの輪を作っていこうという理念を感じることができます。この考え方、そして夜間に開催するという視点は、まさにオランダ式のオープンなカフェの哲学に通じます。また議論が好きなところもオランダ的。

後で知ったことですが、主催者の石村さんは、元医学部教授で医化学を専門としており、その道ではとても有名な人。これからの社会はいろいろな人が介護に携わり、老後の社会生活を考えていくことになるのです。

### 21:00　解散

21時で一応、解散となりますが、結論のない議論は、まだまだ続くようです。この日の参加者は全員男性で、しかも退職後の人がほとんどでした。介護をすでに終えていても、介護について話す場は必要で、それは後悔か葛藤か達成感かはわかりません。いずれにしても気持ちを分かち合うディスカッションによって何か自分自身の力になっている、失った何かを取りもどす営みのようにも感じられました。

なお、この会での議論を起点にして、新しいボランティア活動を始めた人が、すでに2、3人いるそうです。

## ❷ 本人・家族の認知症カフェ

### 事例6

🇬🇧 UK イングランド

## メモリー＆アルツハイマーカフェ
Memory & Alzheimer's Café
Young at Heart Memory Club

◆基本データ

| | |
|---|---|
| オープン | 2013年 |
| 開催日 | 毎月　第1、3水曜日　年間24回 |
| 時間 | 10:30〜14:30<br>（プログラムは10:30〜12:40） |
| 場所 | 自立型老人ホームのラウンジ（自治会館） |
| アクセス | バス停より徒歩10分 |
| 参加費用 | 無料（食事は3.5ポンド（約600円）） |
| 参加者の予約 | なし |
| 参加要件 | 認知症の人および家族 |
| 参加者数 | ●毎回約14〜15人　●認知症の人：7〜8人<br>●家族：3〜4人　●専門職：1〜2人　●運営スタッフ：3人 |
| メニュー | コーヒー、紅茶、菓子 |
| 音楽 | アクティビティの際のBGM（CD）のみ |
| その他の経費 | コッツウォルズディストリクト財団からの寄付（100ポンド（約16,000円））で賄う |

### 歴史

ボートンオンザウォーターのアルツハイマーカフェは2013年にオープン。この認知症カフェを運営するのはこの地域で介護サービスを展開するNPO法人であり、ここコッツウォルズ地方でいくつか認知症カフェを運営しています。前日に訪問した認知症カフェのカフェコーディネーターもここと同じローラさん。お会いするのはこれで2度目。お互いに驚きの再会でした。「また来たの！びっくりしたわ！」と頬と頬を合わせて握手。ローラさんは、以前は「アルツハイマーソサエティ」というイングランドの認知症カフェを統括する団体に勤めていました。その後、友人に誘われ今のNPO法人に転職をした経験豊富な女性です。

　このNPO法人はいくつかの認知症カフェのほかに、介護者のためのレスパイト（一時休憩）サービスも行っています。ローラさんは、事務仕事よりも当事者とのかかわりが好きで、地域の中で暮らす認知症の人と家族を直接支援する仕事を選択したとのこと。「この仕事は大好きよ。認知症で家で孤独に暮らしている人がたくさんいるのよ。でもね…、経営は難しいの」と首をすくめ、両手を左右に広げました。

## 2 本人・家族の認知症カフェ

### 立地と入口

　ボートンオンザウォーターは、イギリスの田舎町コッツウォルズ地方の観光の中心地。その名が表すとおり、街の中心を川が流れ、水が豊富でとても美しい絵本のような街並みが広がります。退職後に移住してくる人や裕福な人の別荘などが多くある地域でもあります。メインストリートは観光客でにぎわい、はちみつ色の煉瓦が雰囲気を醸し出しています。また、この地域の学校が集まっていて若者が非常に多い街でもあります。

　ホームページに書かれた住所を頼りに場所を探しましたが、なかなか見つかりません。近くにいた自動車修理工の若者や散歩中の老人に尋ねても、皆、首をひねるばかり。街全体に認知症カフェが浸透しているとは言えないようです。結局、電話をして確認するとコーディネーターのローラさんが車で迎えに来てくれました。なぜか探していた場所とは全く違う場所でした。ローラさんの母親は認知症で、この認知症カフェに参加しているとのこと。会場に着くとマジックでさっとシールに名前を書き「これを胸につけてね」と手渡されます。会場は、自立型老人ホームのラウンジで、認知症カフェの広報は医師や介護サービス事業所にチラシを配布しているとのことでした。

会場は自立型老人ホーム内のラウンジ。町の中心部から徒歩で行くことができる

### 目的と風景

　この認知症カフェの目的は、初期の認知症の人の支援であり、孤立や閉じこもりを防止し、居場所となることをめざしています。集まりやすい場所で行い、介護やサービスの情報にアクセスしやすいように心がけています。

　会場にはすでに参加者が集まっていて小さな丸い机を中心にして、数名が輪になって座っています。コーディネーターを中心に円形に座っていて、特に指定の

場所はないようです。椅子は大きな1人掛けソファ。コーディネーターのローラさんは「認知症カフェで最も大切にしていることは、座り心地のよい椅子と、トイレが使いやすいこと、そして何よりキッチンがついていることよ」と歯切れよく話してくれました。確かに、椅子はゆったりとした背もたれがあり、ひじ掛けもついていて、いかにも座りたくなる雰囲気。家族が4人参加していましたが、1人は「後でまた来るわね。買い物に行ってくるわ」といって退室し、女性2人は輪の外に座って話をしています。男性介護者1人は輪の中に入り、一緒に話をしています。ローラさん以外の専門職は、介護用品の販売をしている人が1人いました。

　参加者は、皆、慣れている様子で和やかに落ち着いて話をしているところからも、ここがなじみの場所、なじみの人の集まりになっていることがよくわかります。認知症の参加者は全員初期のアルツハイマー型認知症で、食事や排泄は自立。イギリスの認知症カフェはこのように介助が不要で初期の認知症の人を対象にしていることが特徴でもあります。そして地域でひとり暮らしをしている人、家族と同居している人、ケアハウスなどで暮らす人などが参加しています。

## プログラム

### 10:30 オープニングからプログラムⅠへ（第1部）

　ボランティアの女性2人も輪に加わり、認知症の人も家族も区別なく座っています。コーディネーターのローラさんが輪に入り、「メモリーボール」といわれるビ

|  | 時　間 | 内　容 |
|---|---|---|
|  | 10:30 | オープン |
| 第1部 | 10:30 | オープニング＆プログラムⅠ |
| 第2部 | 11:10 | プログラムⅡ＆ティータイム |
| 第3部 | 11:45 | プログラムⅢ |
| 第4部 | 12:00 | プログラムⅣ |
| 第5部 | 12:40 | プログラムⅤ＆ランチ |
|  |  | 自由に時間を過ごす<br>（帰る人もいる） |

ーチボールのようなものを持ち、それを「はい、ケビン」と言って投げます。その軌道の先にいた大きな黒縁メガネをかけた男性がボールを受けると、すぐに別の男性に投げます。名前を呼んでも呼ばなくてもよく、これはいつも行っているオープニングのゲームらしい。「こっちに投げてほしくないな」と思っていると案の定、認知症の女性がこちらをチラッと見て、やさしくボールを投げてきました。

　しばらくしてローラさんにボールが戻ると、ボールに書かれた文字を見ながら

「旅行に行ってみたいところは？」と全員に問いかけました。するとひとりの女性が「またミラノに行きたいわ」とミラノの思い出を語り始めました。回想法です。このメモリーボールには「ペットの名前は？」「ベストフレンドは？」「好きな本は？」など至るところに質問が書かれていてコミュニケーションを深めていくことができるようになっています。メモリーボールは自己紹介とアイスブレイク、そして思い出を語るということが同時にできるツールです。進め方も自然で、皆がいつの間にかその時間と輪に吸い込まれていくようでした。日本との違いは「さあ、始めますよ」という仕切りをせず、いつの間にか始まっていくところで、これが「カフェらしさ」なのかもしれません。このような時間が30分程度続いていきます。

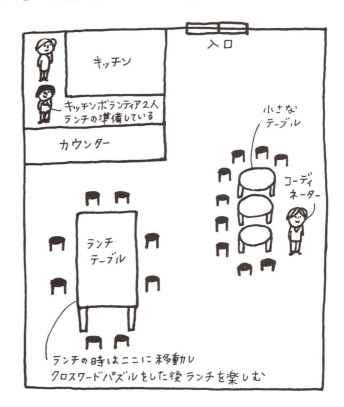

丸いテーブルを囲み自己紹介も兼ねたメモリーボールが始まる

### 11:10　プログラムⅡとティータイム（第2部）

　メモリーボールのプログラムが終わると、ボランティアの女性2人は席を立ちキッチンへと向かいます。ティータイムの準備を始めたようです。ローラさんは、足元の箱の中からゴルフボールくらいの大きさのイボが付いたマッサージボール

を全員に配り始めました。参加者はそれを手にして手のひら、腕、足のマッサージを行います。その間にボランティアは、コーヒーか紅茶を尋ねて回り、全員に飲み物が渡った頃を見計らってティータイムが始まりました。さすがにイギリスではほとんどの人が紅茶を飲んでいます。

カフェタイムにはボランティアが忙しくなる

### 11:45　プログラムⅢ（第3部）

　CDが準備され音楽が流れ始めます。すると認知症の人たち数名が自然に歌を口ずさみ、中には大きな声で歌い出す人もいます。ローラさんは、また足元の箱の中から毛糸を編み込んだ長い紐を持ち出し、全員をつなぐように手に取ってもらいます。とても柔らかく、気持ちのよい触り心地。歌に合わせてこの紐を上げたり下げたり、身体の前で手を合わせたりといった体操をします。どの歌もなじみがあるらしく歌詞を見なくても皆、歌えるようでした。

### 12:00　プログラムⅣ（第4部）

　毛糸の長い紐が集められ、次はローラさんが冊子を持ち出しました。これもまた足元の箱の中から。足元の箱はメモリーボックスというもので、必要な道具がすべて入っています。こうしたプログラムのセットが販売されているとのこと。ローラさんは、アメリカのプログラムを勉強して実施しているということで、続けて行っているうちに徐々に浸透してきているとのこと。

　冊子をパラパラとめくり「今日はこれね」といって、「セントジョージズ・デイ」についての話を始めました。その後、別の話題をクイズ形式で始めました。例えば、「ビートルズの生まれた町はどこ？」「もっとも西にある都市はどこ？」「いちばん古い大学はどこ？」など。ローラさんは、正解が出ても静かにその話を深め、参加者の声に耳を傾けています。このあたりは日本のプログラムの進行とは大きく異なる印象。初期の認知症の人を対象にしているということもあり、参加者もうなずきながら聞いています。「大人の会」といった雰囲気。

## 2 本人・家族の認知症カフェ

### 12:40　プログラムVとランチ

　クイズが終わると参加者は席を立ち始め、隣の大きな四角いテーブルに移動します。そこには、テーブルの上にボランティアが準備したクロスワードパズルが置かれています。参加者はおもむろにクロスワードパズルを始め、その間ボランティアはランチの準備。ちょうどその時間に、先ほど買い物に出かけていった家族が迎えにきました。続いて犬が一匹。犬は迎えに来た別の介護家族の犬のようです。

　今日残った人は6人でこの人たちはランチを食べて少し休んでから帰るとのこと。ランチのメニューは、パン、キッシュ、サラダ、ポテト、フルーツ。食事に介助を必要とする人はいません。食後は、引き続きクロスワードパズルをしたり、歌を歌ったりと自由な時間を過ごします。14時半までオープンしていますが、その前に帰るのもまた自由。

　帰り際、ローラさんにこのカフェの運営のために大切にしていることを聞いてみました。

ランチはサラダ、キッシュ、パン、フルーツで3.5ポンド（約600円）

### ◆コーディネーターへのインタビュー

Q　進行のコツは？

A　大切なことは、参加者を信じること。よく観察し、柔軟に対応すること。とにかく歓迎し受け入れること。そして場所の快適さね。

Q　気をつけていることは？

A　メンバーの個性をよく見て、不快に感じることは行わないこと。ボランティアはケアを行わず、ティータイム、ランチの準備をしてもらうことよ。

### ◆ボランティア（女性）へのインタビュー

Q なぜボランティアを始めたのですか？

A 昔からさまざまなボランティアをしていて自分ができることを探していたの。私はお菓子を作るのが大好きなのでここでは、それができて今はとても幸せです。

Q いつからはじめたのですか？

A ２０年以上前から子育てボランティアをしていました。認知症カフェへのかかわりは３年前からです。

Q この認知症カフェにかかわるために何か研修はあるのですか？

A 特に研修はありません。この認知症カフェでコーディネーターから指導を受けているの。もちろん自分でも勉強しているわよ。でも、私には責任がないし、持たないの。責任はコーディネーターが持つものだもの。

Q ボランティアで大切なことは何だと思いますか？

A よい聞き手であること。すべてに気を配ることが大切。常に注意を払ってかかわっているの。

❷ 本人・家族の認知症カフェ

### 事例 7

## アルツハイマーカフェ フットボールメモリーズ

Alzheimer Café football Memories

UK スコットランド

◆ 基本データ

| | |
|---|---|
| オープン | 2012年 |
| 開催日 | 週2回　水曜日と木曜日 |
| 時間 | 13:00～15:40 |
| 場所 | プロサッカーチーム　マザーウェルFCのホームスタジアムのクラブハウス内 |
| アクセス | 鉄道の駅から徒歩20分のサッカースタジアム内。どこからでもよくわかる |
| 参加費用 | 無料 |
| 参加者の予約 | なし |
| 参加要件 | 認知症の人であればだれでも参加可能 |
| 参加者数 | ● 毎回約10～15人　● すべて認知症の人<br>● 運営スタッフ：2～3人 |
| メニュー | コーヒー、紅茶、ケーキ<br>（ボランティアの手作り） |
| 音楽 | なし |
| 会場使用料 | 年間4,000ポンド（約64万円） |
| その他の経費 | 財団や団体、個人からの寄付 |

### 歴史

スコットランドは独自の認知症カフェの文化を持っています。スコットランドは認知症カフェに限らず文化や背景がイギリス4国の中でも独自で、スコットランドの人もそれに誇りを持っています。例えば、認知症カフェは趣味に特化しており、サッカー、クリケット、園芸、歌、ビンゴなどさまざま。アルツハイマーカフェ・フットボールメモリーズも後発ではありますが、「他の地域よりよいものを、そして独自性を」という思いが強い認知症カフェです。

この認知症カフェは、マザーウェルという地域に根差し、サッカーを通して文化の1つとして町全体で育もうとしています（この国ではサッカーというと白い目で見られるのですが…）。

### 立地と入口

マザーウェル駅から約1.5キロ。駅からは商店街を抜けて歩いて行くことのできる場所にあります。商店街はすぐに終わり寂しい風景になります。マザーウェルはこじんまりした街ですが、認知症に対する取り組みはとても盛ん。「認知症に優しい街づくり」を掲げていて、「ディメンシアフレンド」の養成が積極的に行われています。また、「認知症に優しい店」を認定してステッカーを配布しています。

第3章 認知症カフェの実践事例

日本の「認知症サポーター」養成と似たようなシステムのようです。日本ではオレンジリングで、スコットランドはブルーリング。ちなみにサポーターの養成を始めた時期は日本のほうが先です。

認知症カフェが開催されるサッカースタジアムは、

会場はプロサッカーチームマザーウェルFCのホームスタジアム。住宅街の中にあり、地域から愛されている場所

一目見て、歴史があり、地域に密着した施設であることが理解できます。スタジアムの観客席は1万人くらい。広いスタジアムの中で認知症カフェの会場がわからず、スタジアムショップの女性に尋ねてみると「わからないわ。聞いてみるからちょっと待っていて」とのこと。しばらくすると「メインの入口に行ってみて。その建物で開催するらしいわよ」と教えてくれました。スタジアムをぐるりと半周し、メインの入口から中に入ってみると、サッカー選手らしき人たちが食事をしています。「間違えたのかな」と思ったとき、大柄の男性がこちらに向かって歩いてきたので「ここで認知症のプログラムをやりますか？」と聞いてみました。「詳しくはわからないけれど、ここで待ってればいいよ。そこのコーヒーでも飲んでいて」とのこと。時計は12時45分を指しています。開始は13時の予定…。

## 目的と風景

ここは本来クラブの関係者しか入れないラウンジのようです。よく見ると入口には「センチュリオンホール」と書かれています。クラブ創設100年を記念して作られたホールらしく、記念のトロフィやユニフォームがたくさん飾られています。食堂兼ミーティングルームといった雰囲気。

本当にここで開催されるのだろうかと不安な気持ちでいると、13時10分頃から高齢者が数人、家族と一緒に入ってきました。ひとりの70歳代くらいの男性が握手を求めてきました。とりあえず握手をして話してみると「君は日本人だな。ナカムラを知っているか？」と唐突に聞いてきました。スコットランドといえば2005〜2009年までの4年間、中村俊輔選手（現・横浜Fマリノス）がいました。

## ❷ 本人・家族の認知症カフェ

彼はスコットランドでは最も有名な日本人かもしれません。

そんなことを考えていると車いすを押しながらひとりの青年が入ってきました。担当マネジャーのマットさんです。マットさんはアルツハイマー協会マザーウェル支部の職員でもあります。

コーディネーターのマットさんは、チャリティマラソンに参加し、ここの運営費を募ってきたことを話していた

「僕の祖父が認知症だったんだ。もう亡くなったけれど。その影響でボランティアにかかわることになり、1年前からここのスタッフなんだ」と自己紹介をしてくれました。その前はカレドニア大学の学生で心理学を専攻していたそうです。

「ここの認知症カフェの目的は、サッカーを楽しむこと！　一般的には認知症には個別的かかわりがよいとされている。でも、ここに来ている人たちは皆、昔からサッカーをやってきたんだ。サッカーはチームプレー。だから集団でも大丈夫。楽しみにして来る人ばかりだよ」とマットさんは言います。この認知症カフェの目的は明確。サッカーが好きな人がサッカーの話をしに集まってくるのです。結果として集まるのはすべて男性。家族や地域の人は参加せず、認知症の人のため

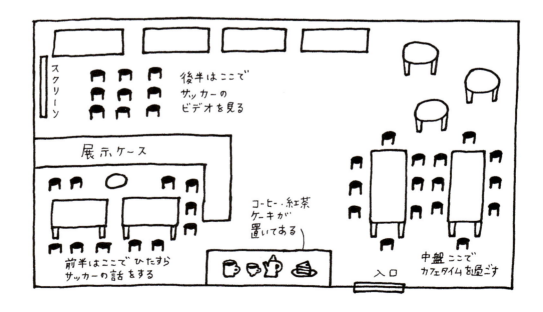

の認知症カフェです。

　会場内では、もうすぐ練習が始まるのか、プロの選手らしき体格のよい人たちが慌ただしく動いています。その傍らに認知症の人たちと家族がたくさん集まってきました。認知症の人とサッカー選手が場所を共有する…、これまでに見たこともない光景でした。参加者は、家族やボランティアの送迎で集まります。「ボランティアがもっとたくさんいれば毎日でもやりたい」とマットさんは言います。

　ちなみに、マザーウェルFCの公式ホームページには、「認知症カフェのボランティア募集！」と掲載されていて、「ボランティアとして登録すると2つの特典がある。1つは試合のチケットがもらえること、もう1つは何よりも人の役に立てることである」と記載されています。なんて洒落た言い回しでしょう！

## プログラム

### 13:30　オープニングトーク（第1部）

　マットさんは、皆が座ったことを確認するとポケットに手を入れメダルを取り出しました。「ロンドンマラソンに行ってきて昨日の夜帰ってきたんだ。アルツハイマー協会のTシャツを着て

| | 時間 | 内容 |
|---|---|---|
| | 13:00 | オープン |
| 第1部 | 13:30 | オープニングトーク |
| 第2部 | 13:40 | メモリーボール |
| 第3部 | 14:10 | 話題提供 |
| 第4部 | 14:30 | カフェタイム |
| 第5部 | 15:05 | ビデオ鑑賞 |
| | 15:40 | 全員で歌を歌い解散 |

アピールしてきたよ！」。スコットランドの認知症カフェは寄付で成り立っています。そこでアルツハイマー協会の職員は、さまざまなイベントで活動をアピールし資金を集めなければならないのです。参加者から拍手が起こります。今日の参加者は、12人、ボランティアは2人。

　進行はマットさんからボランティアの70歳代の男性に替わります。その男性が「マザーウェルFCは今週末の試合が勝負だ。最近は調子が悪い」と眉間にしわを寄せて話すと、皆深くうなずき「うーん」と嘆いています。すると急に大合唱が始まりました。どうやらマザーウェルFCの応援歌のようで、ここから認知症カフェがスタートしました。

### 13:40　メモリーボール(第2部)

　メモリーボールは、イングランドでも用いられていますが、ここではサッカーボールを使って行います。サッカーボールにさまざまなことが書かれています。テーマごとに色が決まっていて、赤はイングランドのチーム名、青はスコットランドのチーム名、緑は「好きな選手は？」「思い出の試合は？」などの質問が書かれています。最初にボールを持った人がボールの緑の文字を読み上げます。「好きな食べ物は…フィッシュ＆チップス」。進行役の男性が「皆はどうだい？」と聞くと、「フィッシュ＆チップス」「フィッシュ＆チップス」「フィッシュ＆チップス」…、皆フィッシュ＆チップスとしか答えないため、なぜかこちらに回ってきてしまいました。あわてて「スシ！」と言ってみましたが、特に反応はありませんでした。

　次の人にメモリーボールが渡り、「チェルシー」と赤い文字を読み上げました。続けて「チェルシーにいたスコットランドの選手は誰だっけ」「チェルシーは先週末の試合でアーセナルとやって、相手の監督はつまらないサッカーだといっていた」などサッカーに関する話題が次々と湧いてきます。年配のボランティアは昔の選手の話題を提供し、会話が広がっていきます。認知症の人はいきいきと昔のサッカー選手や試合の話をしています。進行役がマットさんではない理由がわかりました。この役割は同じ年代だからこそ担えるのでしょう。

### 14:10　話題提供(第3部)

　サッカーの話が少し停滞してくると、進行役の男性は用意していたメモを取り出しました。「ヘンリー8世が離婚できなかった本当の理由をしっているか？」と問いかけました。話の内容を要約すると、"ヘンリー8世は離婚を認めてもらえるようローマ法王に泣きついたが、ヘンリー8世の犬がローマ法王にかみついたために離婚が出来なかった"という話。その犬の話が起源となったことわざがあるらしく、そこから犬の話題に。犬の話もひと段落したところで、「では、最後にサッカーイングランド代表が優勝した年は？」との質問には、一斉に「1966年！」と即答。大きな声でびっくりしました。

### 14:30　カフェタイム(第4部)

　マットさんともうひとりのボランティアであるパットさんが、足元がおぼつかない参加者をトイレに誘導しています。パットさんは介護施設の職員です。「週に

1回、休みのときにここにきてボランティアをしているんだ。私たちは、デイトリップとしてミュージアムに一緒に行ったり送迎したりしています。普段、施設では行えないことをできるからとてもいいね」と参加者がケーキを食べるのを介助しながら話してくれました。

カフェタイムには、ボランティアの家族が作ったケーキをおいしそうに食べていた

ケーキはボランティアの奥さんが作ってくれたものです。

　右隣に座っているお年寄りは、先ほどのサッカーの話では、目を輝かせていきいきとしていたはずなのに、今は嘘のように落ち着きがなく、不穏になっています。かなり重い認知症の人もいることがここではじめてわかりました。

　左隣のお年寄りは私の顔を見て、「日本の選手を知っているぞ。だれだったかな」と言うので、「ナカムラシュンスケ？」と答えました。「うーんそうだったかな？」すると別の男性が「フリーキックのうまい選手だ」と話に加わります。数人が寄ってきて「そう、ナカムラ！　彼は今何している？」気がつくと右隣りの不穏になっていた男性も目を輝かせています。この国のサッカーはすごい。

### 15:05　ビデオ鑑賞（第5部）

　しばらくすると、マットさんの仕切りで2つのグループに分かれました。1つのグループはサッカービデオの鑑賞、もう1つのグループは会話をするグループでどちらに参加するかは自由。ビデオ鑑賞のグループはマットさんと一緒に移動して、スクリーンの前の椅子に座ります。マットさんがパソ

フランスの英雄ジダンのスーパープレイの映像を食い入るように見ている

コンを広げ、「ジーコ、マラドーナ、ベッカム、ペレ、プラティニ、ジダン。どうする？」と聞くと「ジダン」と数人が答えます。ビデオは何種類かあり参加者が選ぶスタイルとのこと。皆、微動だにせず食い入るようにスクリーンを観ていました。ビデオは15時25分で終わり、いつの間にか迎えの家族が数人来て、一緒に観ていました。

### 15:40　解散

　2つに分かれていたグループは、また合流し、全員が肩を組み、先ほどよりもさらに大きな声で応援歌の大合唱をしてから解散。間違いなく、この国ではサッカーは文化であり、人生のよりどころになっています。そして、認知症カフェは、サッカーを介して人々の生活や地域に浸透しています。

# 事例8

日本

## 思い出カフェ
### 昔なつかし語らいの会
（岩手県奥州市）

◆基本データ

| | |
|---|---|
| オープン | 2013年 |
| 開催日 | 毎月　第4金曜日　年間12回 |
| 時間 | 13:30〜15:30 |
| 場所 | 大畑集会所「つどいの家」 |
| アクセス | JR東北本線水沢駅より徒歩20分 |
| 参加費用 | 300円 |
| 参加者の予約 | あり（初回のみ）、飛び入り参加も可能 |
| 参加要件 | だれでも参加可能 |
| 参加者数 | ●毎回約20人 ●認知症の人：約10人 ●家族：5〜6人 ●地域住民：2〜3人 ●専門職：2〜3人（他の事業所）●運営スタッフ：5〜6人（ぬくもり隊） |
| メニュー | コーヒー、紅茶、緑茶、ハーブティー、各種ラテなど。お菓子一品付 |
| 音楽 | CDを流す |
| 会場使用料 | 地域包括支援センターが負担（1回 500円） |
| その他の経費 | 飲みもの等については、参加費で賄う |

## 歴史

「最初の頃は2、3人しかいない日もあり、とても不安でした。モデルもないので手探りで行っていて、結局ミニデイサービスをモデルにして行おうと思い、今の形に落ち着きました」と、この認知症カフェのコーディネーターで、認知症地域支援推進員の佐藤広美さんは話してくれました。「思い出カフェ」は、2013年8月にオープン。きっかけは奥州市が認知症の人と家族への調査を実施した際に明らかになった「自宅やデイサービス以外の居場所がほしい」という要望と、市が養成する市民ボランティア「認知症支援ぬくもり隊」の活動として何かしたいという思いが一致したこと。そもそも奥州市は、認知症施策を積極的に推進しており、地域包括支援センターを中心に地域とのつながりを大切に、さまざまな施策を展開していました。「ぬくもり隊」とは、市が主催した「認知症支援ぬくもり隊養成講座」の修了生によって結成された地域住民のボランティア団体です。

思い出カフェの運営は、奥州市地域包括支援センターが市内の地域資源を活用し、これまでの成果を集約した場でもあるのです。

## 立地と入口

会場は、水沢区大畑小路の武家屋敷のような古い趣のある住宅街の一角。会場

となる建物はもともと開業医の個人宅で100年を越える歴史があるものを、町内会が管理して活用しているとのこと。外観は古民家で、ここが集会所とは思えない雰囲気。広い庭があり、そこにはひときわ目立つ大きな石灯篭。内部は予想どおり広いお座敷があり、古い戸棚、柱、床の間など、昔ながらの空間に、田舎に帰ってきたような懐かしさを感じることができます。ここは、地区の集会などでも使われているなじみの場所でもあります。

会場に到着すると、すでに5台分の駐車場が満車。玄関も靴でいっぱい。会場も満席です。参加者の脱いだ靴で踏み場のなくなった玄関をまたいで中に入ると、まるで大家族のお正月かお盆の大宴会のような光景が広がっています。

会場は築100年の集会所。もともとはお医者さんの自宅だった場所

## 目的と風景

「思い出カフェ」は、初期の認知症の人の支援と介護する家族の支援、介護保険サービスにつながる前の段階の人や軽度認知障害の人の居場所づくりをめざしているとのこと。「昔なつかし語らいの会」と銘打っているだけあって、「茶の間」のようなメインスペースには座布団、お手玉、けん玉、万華鏡などが置かれています。

テーブルは公民館の集会所にあるような低くて長方形の折り畳み式のもの。座布団は座るのが大変なのか、多くの人が手作り風の小さな椅子に座っています。「この椅子もお手玉も手作りなんですよ。実は、けん玉やお手玉は、徐々に使われなくなりました。おしゃべりがメインになったので」

会場内の様子。これから宴会が始まるかのようなにぎやかさ

と地域包括支援センターの及川明美所長がにこやかに教えてくれました。「思い出カフェ」の2時間の展開は、変化しながら今に至っていますが、初期の認知症の人と家族を対象とした認知症カフェであることはずっと変わっていません。

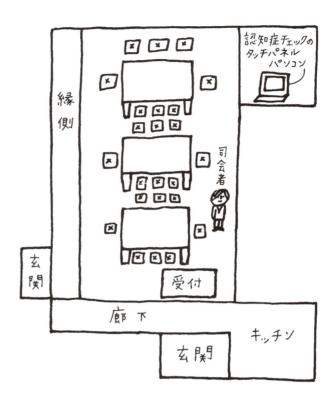

## プログラム

「思い出カフェ」を英語にすると「メモリーカフェ」となり、イギリスの認知症カフェと同じです。聞いてみたところ、この名称はイギリスを意識したわけではないとの

|  | 時　間 | 内　容 |
|---|---|---|
|  | 13:00 | オープン |
|  | 13:40 | 自己紹介 |
| 第1部 | 14:00 | カフェタイム |
| 第2部 | 15:00 | 体操 |
|  | 15:30 | 終了 |

こと。内容は、イギリスの認知症カフェとは異なり、もう1つの名称でもある「昔なつかし語らいの会」にあるように、参加者同士が、思い出や昔話を語り合える場で集い、仲間ができればよいというコンセプトで行っているとのこと。

参加者には、近くのグループホームから来たという3人の認知症の人と介護職員、近所から歩いてきたという仲のよさそうな2人の女性がいます。2人は「私たちは昔からずっと一緒でね」「でも、最近すごく心配なことがあったの。近所の人が亡くなって香典を持って行ったときね、『おばあちゃん、この前ももらったよ。何度も何度もどうしたの』って言われて。それから自信なくなっちゃってねえ」と

浮かない顔をしていました。
　また、この日は生まれたばかりの赤ちゃんも来ていました。「少し落ち着いたので早速、参加しました」と話すお母さんはまだ若く、「子どもは先月生まれたばかりです。ちょうど育児と介護が重なってしまい、子育てをしながら介護なんです

生まれたての赤ちゃんも参加

…。こういう人はこれから増えると思うので、そんな会を開けたらいいなと思っています」と力強く語ってくれました。その周囲には認知症の人が集まってきていました。
　受付は、ボランティアスタッフ「ぬくもり隊」の人が担当。参加費の300円を払うと、メニューを手渡されます。メニューの多さにびっくりしましたが、結局コーヒーをお願いしました。地域包括支援センターの職員とぬくもり隊が一緒になって、司会進行のほか、さまざまな役割を担っているようです。

### 13:40　ガイダンス

　コーディネーターの佐藤さんが司会を行い「これから思い出カフェを始めます。お飲物は頼みましたか。いつものように自己紹介をしていただき、その後15時頃に理学療法士さんが来て体操をします」と全体の進行をアナウンス。とても聞きやすい声と慣れた感じで認知症カフェがスタートしました。

### 13:45　自己紹介

　佐藤さんの促しにより、全員が順番に自己紹介を行います。この日の参加者は22人。今回は人数が多いために、いつもより少し時間がかかりました。会の始まりに自己紹介をするのは日本特有の方法かもしれません。

### 14:00　カフェタイム（おしゃべりタイム）（第1部）

　全員が自己紹介を終え、ここからカフェタイム（おしゃべりタイム）に入りました。すると、ぬくもり隊がお茶やお菓子を運びます。メニューは、緑茶、各種健康

茶、コーヒー、ラテ各種、これらはすべて飲み放題。お菓子は水羊羹であることがわかりお茶にすればよかったと思いましたが、今さら言い出す勇気もなくそのままコーヒーを頂きました。座席は自由で、認知症の人と家族は一緒に座っています。

　赤ちゃんを連れた女性を中心に1つの輪ができています。しばらくすると、床の間の付近では、「母親を介護する娘」が集まり、それぞれの苦労話をしている様子。その間、認知症の人たちは、スタッフが用意した工作（ペットボトルで作る風車）を始めました。これは、おそらく畑や田んぼで鳥を威嚇するためのもの。3人ほどが工作に参加していました。また、近所から来た友人同士の2人の高齢者は、認知症が心配で来たとのことで、始まってすぐに「認知症チェック」のパソコンに向かいます。「病院に行って確認してください」という結果が出たことが腑に落ちない様子で、何やら話し合っている様子。年齢は2人とも90歳でしたが、「本当は、私よりも近所の人のほうが心配なのよ！」とやや憤慨していました。

　グループホームから来た別の2人の高齢者は、しばらく輪の中に入らずにいましたが、スタッフの促しによりお茶を楽しんでいるようでした。

### 15:00　理学療法士による体操（第2部）

　体操は皆、楽しみにしているようで、これは最初の頃から行っているとのこと。体操はその場でできるものがほとんどで、全員で手をつないだり一体感をもたらす工夫がなされています。佐藤さんは「この体操に

理学療法士による体操。これを楽しみに参加する人も多い

って次回も来たいと言ってくれる人が多い」と話してくれました。一緒に体操をしたり、声を出して体を動かすことが仲間意識を醸成することに貢献しているようです。

### 15:30　解散

　次回の案内をして、会は終わりました。

# 2 本人・家族の認知症カフェ

## 事例9

### ガーデンカフェ
（広島県福山市）

日本

◆基本データ

| | |
|---|---|
| オープン | 2014年 |
| 開催日 | 毎月1回　不定期土曜日　年間12回 |
| 時間 | 13:00～15:00 |
| 場所 | ビストロ Two Moon KITCHIN |
| アクセス | JR福塩線上戸手駅より徒歩5分<br>中国バス寺岡記念病院前より徒歩3分 |
| 参加費用 | 200円 |
| 参加者の予約 | あり |
| 参加要件 | 認知症の人、家族、地域の住民、専門職・学生（運営スタッフ） |
| 参加者数 | ●毎回約40～50人 ●認知症の人：5～6人<br>●家族：8～10人 ●地域住民：7～10人 ●専門職スタッフ：15～20人 ●学生スタッフ：6～10人 |
| メニュー | コーヒー、紅茶、ハーブティー、ジュース、ケーキや和菓子、手作りスイーツ |
| 音楽 | 参加者の演奏 |
| 会場使用料 | 無料 |
| その他の経費 | 飲み物やケーキ、スイーツは参加費で賄う |

## 歴史

「ガーデンカフェ」は、2014年10月に「認知症について語り合える場」をキーワードに広島県福山市新市町で始まりました。運営スタッフは、この地域の大学、社会福祉法人、医療法人等で構成される運営委員会のメンバーです。社会福祉法人新市福祉会（寺岡暉理事長）が運営する複合施設ローカルコモンズしんいち「ガーデンテラス」の美しく、広々としたイングリッシュガーデンに囲まれ、思わず足を運びたくなる要素が満載。また、新市福祉会と医療法人社団陽正会の「スマイルプロジェクト」（寺岡謙事業管理者）の一環としても積極的に地域貢献事業に取り組んでいます。

## 立地と入口

　ガーデンテラスは、障害者就労継続支援B型施設と認知症デイサービスセンターとが合築されていて、障害のある人の就労の場ともなっているフレンチビストロ「Two Moon KITCHIN」が会場です。社会福祉法人新市福祉会所有の施設であり、会場使用料は無料。シェフは、アメリカの有名なフランス料理店で修業した寺岡朋子さんで、本格フレンチを楽しむことができます。驚くことに、このシェ

フは現役の医師でもあります。「フレンチは素材をそのまま使うことは少なく、砕いたり、加工したり、ムースにしたりします。高齢者の食事も刻み食やソフト食に加工しますが、やはりおいしく美しくなければならないのです。そういうところは高齢者の食事とフレンチと通じるところがあって、医食同源は大切だと思っています」とのこと。雰囲気もホテルのレストランを思わせるようなモダンでシンプル。この日のスイーツは、医師兼シェフの自家製ニューヨークチーズケーキが振舞われると聞き、期待感が高まります。

　このビストロでは普段、本格フレンチが手頃な料金で楽しめるということもあり地域でも人気店の1つ。この日も「ガーデンカフェ」が開催されるために貸切になっているにもかかわらず、数人のお客さんが訪れて帰っていく姿が見えました。ビストロには関連法人の病院も併設されているため十分な駐車場もあります。「ガーデンカフェ」は予約制なので看板などはありませんが、このビストロそのものが目印になるので参加者は迷うことはないでしょう。

広々としたイングリッシュガーデンの先に、会場であるビストロが見える

## 目的と風景

　「ガーデンカフェ」の目的は、「認知症の人の社会参加の場、認知症を不安に感じている地域住民の心理的支援、介護家族の話し合いの場、一般市民への情報提供」であるとコーディネーターのひとり信高里恵さんは明確に答えてくれました。目

ボランティアの学生が手際よく飲み物を準備している

的については、準備の段階からスタッフ間での確認が入念に行われるなど、徹底していることがよくわかります。「ガーデンカフェ」のもう1つの特徴は、地元の大学が密接にかかわり運営している点です。開始の2時間前には、大学教員の中司登志美先生（コーディネーター）と学生6人が集合し、キッチンの準備を手際よく進めていきます。

開始の1時間前になると、次々とスタッフが集まり、先月の振り返りを行った後、今回、参加申込のあった人の詳細な情報共有と担当や配置の確認をしました。座席は事前に決められていて、申し込み時にヒアリングした詳細な情報を元に、認知症の人と家族は分かれて座るように考えられています。家族の席は介護の相談が中心で、認知症の人はスタッフや認知症の人同士で談笑をするという方針です。家族には介護の負担軽減と教育的支援、認知症の人には居場所と外出機会の提供と、専門的で明確な目的のもとに行われていることがよくわかります。スタッフは紫色の名札をつけて準備完了。いよいよ参加者を迎え入れる段になりました。

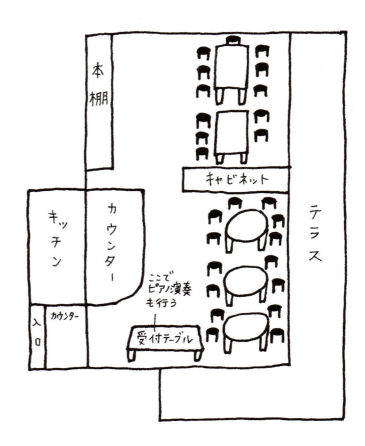

## プログラム

ガーデンカフェのプログラムは毎回異なります。医師や地域包括支援センターの職員によるミニ講話が行われることもありますが、今回はアロマテラピーの体験会でした。その間は、基本的にはテーブルごとに専門職が入り、話を深めていきます。

開始15分前、入口では受付の机の前で2人のコーディネーターがにこやかに並んで出迎えています。その横で数人のスタッフが座席表を何度か確認し、指定した座席まで参加者を案内します。1組の介護家族と認知症の人の夫婦が入ってきました。認知症と思われる男性は奥さんの少し後ろから、きょろきょろしながらついてきており、奥さんは少し疲れたような顔をしています。スタッフに「こんにちは」と元気に声をかけられ、それぞれ座席に案内されます。ご主人は「こっちなの？」と少し不安げな表情を浮かべましたが、すぐに座り、スタッフと楽しそうに会話を始めました。

| 時　間 | 内　容 |
|---|---|
| 13:00 | オープン |
| 13:05 | アロマテラピーとカフェタイム<br>アロマテラピーが始まりテーブルを順に回っていく。それ以外のテーブルは自由にカフェタイムを楽しむ。介護家族は専門職と介護や認知症に対する相談、認知症の人は話をしたり、外を散歩するなど思い思いに過ごす。 |
| 14:50 | 合唱 |
| 15:00 | 参加者と握手をして終了 |

　参加者には名札が用意されていて、胸のあたりにつけています。少しずつ席が埋まり、開始時刻には満席になっていました。飲み物の注文は席で行い、別のスタッフが聞きに回ります。完璧な役割分担ができていて、スムーズに全員に飲み物が置かれます。この時間、忙しそうにしているのはキッチンで働く学生スタッフ。「そのエプロンよく似合ってるね」と声をかけると、「このエプロンは介護福祉士の実習用なんですよ」と笑って答えてくれました。

### 13:05　カフェタイムとアロマテラピー

　午後の陽が差す部屋で、「今日で12回目のガーデンカフェ、次回が１周年ですね。今日はアロマテラピーです。皆さんのところに順番に回っていきますので楽しみにしていてくださいね」という中司先生の仕切りで「ガーデンカフェ」が始まります。セラピストは女性かと思っていたら、２人の男性が慣れた様子でペコリと頭を下げました。運営委員会に加入する介護事業所の職員だそうです。全員に飲み物が届き、テーブル毎に、いつの間にかカフェタイムが始まっていました。

### 13:10　カフェタイム（続き）

　真ん中の円卓を見ると、認知症のことが心配だという女性が、自作の新聞を持ってきて配っています。のぞき込むと「どうぞ」と１枚手渡してくれました。見

ると「認知症予防新聞」と書かれています。テレビを見てその情報を書きとめて、写真を張り付けたもの。どうしたら認知症にならないかが書かれていました。これは趣味でやっているとのこと。

いちばん奥の四角いテーブルに目を移すと、真剣な表情で医師の言葉に耳を傾けている人たちがいます。「認知症の介護に疲れたときは、幼い子どもだと思って接するとよいときもあるよ。決して子どもではないけれど、気持ちを切り替えることが大切なんだよ」という医師の言葉に、皆うなずいています。ここは家族のテーブルで、認知症の人たちのテーブルから最も離れたところに位置しています。コーディネーターの中司先生は「最初の頃は認知症の人と家族は同じテーブルでした。しかしそれでは家族は思い切り介護の悩みを語れません。認知症の人も私たちスタッフやここに慣れてくださったので、今はこのスタイルになりました」と、経緯を教えてくれました。

開始から約50分が経過した頃、中司先生が、介護家族が数名いるグループの担当者に呼ばれました。「薬の話なんですが…」と服薬についての質問。家族は原因疾患の見立てに悩んでいて、そこに中司先生が呼ばれたのです。専門職もほかの参加者も一緒に耳を傾けています。ここでは、解決することだけではなく話を聞くことで自分が助けられるという感覚があるようです。

家族のグループだけを見ると家族会に少し似ているところがあります。家族会に専門職のファシリテーターが入り、より専門的な話をするカフェといった印象。地域住民はというと、最近、認知症が心配で来ているという高齢者が多く、たまたま隣りに座った女性もそのひとりで、「バスで20分かけてきたのよ。ここは楽しくてよいの。喫茶店みたいな雰囲気だから来るのよ」と話してくれます。「もっと近くにもあるのではないですか」と尋ねてみると、「自治会館でやる地域のサロンとかはたくさんあるのよ。参加しているけどカラオケをやったりするの。でも人の歌を聴いていても楽しくないのよ。付き合いで行っているだけなの」とのこと。

日によって音楽のプログラムを行うこともある

### 14:20　カフェタイム（続き）

　キッチンがまた騒がしくなってきました。のぞいてみるとチーズケーキが用意されています。「ケーキは毎回出るわけではないんです。このレストランで作っているケーキは、参加費がたまってきたら出せるんです。今日はラッキーですね」と教えてくれました。ニューヨーク風チーズケーキです。

　ケーキの準備をしている間、素敵な庭に出て散歩をする認知症の人もいました。「この認知症カフェの立地と店舗は、本当に魅力的です。ここで開催することに意味があるのですが、今のままだと人数が限界です。月に2回開催してもいいのではと思っています」と、コーディネーターの信高さんは話していました。

### 14:50　合唱

　コーディネーターの2人が窓際でキーボードの準備をはじめました。「今から歌うのですか」と尋ねると、「ええ、1曲だけ。毎回最後に歌うようにしています」とのこと。準備が整い、「では、最後に皆で歌いましょう。"ふるさと"です。2番まで歌いましょう」と説明があり、全員で合唱して終わりました。

### 15:00　終了

　各テーブルでは参加者が握手を交わしています。「これがこの認知症カフェの決まりで、最後に握手をして終わります。そして出口では私たちが全員と握手をして再会を約束しています」。あちらこちらで、名残惜しそうに握手をしている姿がありました。

## 事例10

日本

# カフェde オレンジサロン
（京都府京都市）

◆基本データ

| | |
|---|---|
| オープン | 2013年 |
| 開催日 | 毎月1回　第4日曜日　年間12回 |
| 時間 | 14:00～16:00 |
| 場所 | コミュニティカフェ工房ひのぼっこ |
| アクセス | 京都市営地下鉄石田駅より徒歩15分<br>バス停より徒歩3分 |
| 参加費用 | 500円 |
| 参加者の予約 | あり |
| 参加要件 | 認知症の人、家族、法人の専門職 |
| 参加者数 | ● 毎回約15～20人　● 認知症の人：7～8人<br>● 家族：7～8人<br>● 運営スタッフ：約10人（法人職員） |
| メニュー | コーヒー、紅茶、緑茶、ジュースなど、日替わりのデザート |
| 音楽 | 音楽タイムに生演奏あり |
| 会場使用料 | 法人が運営するコミュニティカフェのため不要 |
| その他の経費 | 飲み物、デザートは参加費で賄う |

## 歴史

「原点は家族支援です」。2013年1月、カフェdeオレンジサロンは社会福祉法人同和園の橋本武也さんの発案で始まりました。介護をサービスとしてではなく認知症の人をひとりの人として、家族の一員として、家族も含め「その人の生き方」全体を支援する一助として認知症カフェが始まりました。名前の由来は、会場となる同法人が運営する「コミュニティカフェ工房ひのぼっこ」（2011年オープン）というカフェで（de）開催する認知症カフェということから命名されたということです。

## 立地と入口

「カフェdeオレンジサロン」の向かいには、歴史のあるお寺があり、枝垂桜が京都でもとても有名。春になると見物客も多く、夜にはライトアップされてとても美しいとのこと。周囲は住宅街で細い路地ばかりですが、車の通りは比較的多い場所。「カフェdeオレンジサロン」はこじんまりと落ち着いた雰囲気であまり目立たない印象ですが、参加者の多くは法人のデイサービスや居宅系サービスを利用しているので迷うことはないそうです。また、完全予約制で送迎のサービスもあります。認知症カフェの敷地内にはデイサービス「げんさんち」があります。

「げんさん」とはこの土地の持ち主で、ここで長く工場を営んでいた人の名前。デイサービスの建物はその「げんさん」の使わなくなった工場を活用したもの。認知症カフェはその駐車場に立てたものだそうです。

会場は白い壁が美しく、テラス席も気持ちよさそう

## 目的と風景

　「スタッフには、『原点は家族支援』であるということを言い聞かせています。介護保険制度は一義的には本人の支援であるために、家族の視点が希薄になりやすくなっていますが、それは保険制度なので仕方ありません。そこを補うのが福祉の部分であり、この認知症カフェの意義であると思っています。また、最近は「高齢者介護」「介護サービス」という言葉ばかりで、「福祉」という言葉が消えかかっていることに危機を感じています」と話す橋本さんの提言は、家族にもう一度焦点を当て、家族機能の回復に認知症カフェが貢献できるのではないかという問題意識も含まれています。

　一歩、会場に足を踏み入れると、中は温かいオレンジ色に包まれていました。建物全体が無垢の木をふんだんに生かした設計になっていて、さらに秋の午後の陽が差し込んでいる影響で、そのオレンジ色がより映えます。準備を進めるスタッフはすべて法人の職員で、準備には慣れている様子。

　開始の1時間前にスタッフが集合し、テーブルの準備が整ったところで、簡単なミーティングが開かれます。今日の参加者一人ひとりの情報や最近の出来事が書かれたシートを確認し、プログラムの流れを確認します。スタッフの役割は、橋本さんが「店長」という名称のプロデューサー、他に「カフェマスター」というコーディネーター役がいます。

　開始は14時ですが、13時半には2組の参加者が到着。常連のようで慣れた様子で座っています。「あそこはあの人の指定席なんですよ」と言われるように、ここは予約制で、ほとんど指定席のようになっているとのこと。もう1人、白くて長

## ❷ 本人・家族の認知症カフェ

い顎ひげを蓄えた男性が入口でスタッフと話をしています。「あの人が『げんさん』ですよ」とスタッフが教えてくれました。「げんさん」は、ときどき顔を出してくれるのだそう。この認知症カフェの主旨に賛同してくれている強力なサポーターの1人。

「カフェdeオレンジサロン」の目的は、「家族支援」「本人の居場所支援・生きがいづくり（社会参加）」「ピアサポート（本人同士のつながり支援）」の3つで、典型的な本人・家族型の認知症カフェ。

開催の告知は、周辺の介護家族へのチラシの配布や医療機関への案内のみ。これは、この認知症カフェの目的を達成するためには十分な方法であり、初期の認知症の人への支援として、社会福祉法人と医療機関との連携にもつながる機能を果たしています。

会場内の様子。無垢の木をふんだんに生かした温かみのある雰囲気

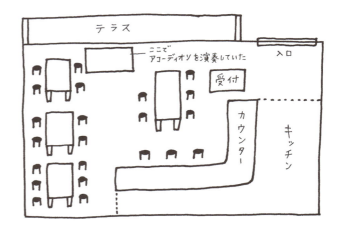

### プログラム

**14:00　ミニ講義（第1部）**

先ほど欠席の連絡が入った1組を除いて全員がそろったことを確認し、14時ちょうどに始まりました。司会

| 時　間 | 内　容 |
|---|---|
| 14:00 | オープン |
| 第1部　14:00 | ミニ講話 |
| 第2部　14:30 | 音楽鑑賞と歌 |
| 第3部　15:20 | カフェタイム |
| 16:00 | 写真撮影・終了 |

者が「今日は久しぶりの司会なので緊張します」と前置きしてからプログラムの説明に入ります。今日のテーマは、「転倒予防の重要性について」で、講師は、

地域包括支援センターの職員。慣れた様子で話を始めました。話が始まると、メモを取る人、真剣にうなずく人など、皆とてもまじめに聞いています。京都弁がとても心地よい。

ひとりだけ全く関心のなさそうな人がいます。それは黄色い洋服を着た小さな子ども。「おじいちゃんと一緒に来ているんです。孫がいないとおじいちゃんも来ないと思うんです…」と教えてくれた人は、親子孫3世代での参加です。

14人ほどでいっぱいになる会場なので、どこに居ても声がよく聞こえます。ミニ講話の内容は、毎回異なり、認知症や介護について情報提供が行われています。

## 14:30　音楽鑑賞と歌(第2部)

ミニ講話が終わると司会者がすぐに「では、お待ちかね、第2部の音楽の時間ですよ。今日はアコーディオンです」とアナウンス。アコーディオンなので初老の男性かなと思っていると、黒いTシャツを着た若い筋肉質の男性が現れました。

この男性も法人の職員だということですが、筋の見える男らしい両腕で黒く光るアコーディオンを抱えて額から汗を流している姿は、楽器というよりエキスパンダーで筋力トレーニングでも始めようかという雰囲気でした。ところが奏でる音は優しく、会場内が徐々にやわらかい空気に変わっていくのを感じます。「マイムマイム」「早春賦」「めだかの学校」と続き、いつの間にか、会場全体が認知症の人、家族の歌声に包まれていきました。ひときわ高い声で歌っているのは、先ほどの孫と一緒に来ている認知症の男性。当の子どもに目をやるとお母さんの隣でお絵かきをしていました。演奏の終わりを告げると、「アンコール」の声がかかり、もう1曲「タンゴ」を披露してくれました。楽器は、アコーディオンのほか、ギターやマンドリンなどいろいろなバリエーションがあり、なんと橋本さん自身が演奏することもあるとのことでした。

毎回楽しみな音楽鑑賞と歌。この日はアコースティックギターとハーモニカの演奏

## ❷ 本人・家族の認知症カフェ

### 15:20　カフェタイム（第3部）

　アコーディオン演奏が終わると、スタッフはキッチンに行き、コーヒーとケーキを運んできてくれました。そういえば、会場の入口で最初に500円を払い、飲み物を注文していたことをすっかり忘れていました。生クリームたっぷりのシフォンケーキが運ばれると、スタッフが今日のデザートの説明をしてくれました。前に座る認知症の男性は甘いものが苦手ということで、ホットドックが置かれていました。

　カフェタイムでは各テーブルにスタッフが付いて認知症の人や家族からさまざまな話を引き出そうとしているのがよくわかります。「カフェdeオレンジサロン」は、開始当時からこのスタイルで行われているとのこと。時に、クリスマスパーティー、鍋パーティー、ワイン会など、趣向を凝らし飽きさせないための工夫をしているそうです。

　会の終わりが近づくと、先ほどのミニ講話の資料が配られました。講話の際に配らないのは、おそらく顔を上げて、話を聞いてもらうための工夫。

季節感たっぷりのスイーツ

### 16:00　写真撮影・終了

　16時ちょうどに参加者は立ち上がり、ぞろぞろとテラスに向かいます。なんと毎回、写真撮影を行うそうで、これも参加者からの提案とのこと。「カフェdeオレンジサロン」は、認知症の人と家族の安心の場所、社会に参加した証にもなっているのです。

　「カフェdeオレンジサロン」は、「本人・家族の認知症カフェ」であり、イギリスが目指し、いまだ成し得ていない認知症の人と家族が供に参加する認知症カフェの理想形ともいえるのではないかと思います。

# 第3章 認知症カフェの実践事例

## 事例11

UK スコットランド

# オアシスカフェ
Oasis Café

◆ 基本データ

| | |
|---|---|
| オープン | 2008年 |
| 開催日 | 毎月1回　第4火曜日　年間12回 |
| 時間 | 11:00～13:40 |
| 場所 | 教会のコミュニティスペース |
| アクセス | バス停より徒歩1分 |
| 参加費用 | 2.5ポンド（約400円） |
| 参加者の予約 | なし |
| 参加要件 | 認知症の人、家族<br>ボランティアは地域住民 |
| 参加者数 | ● 毎回約20～30人 ● 認知症の人：約10人<br>● 家族：約10人 ● 運営スタッフ：約10人 |
| メニュー | 紅茶、コーヒー、お菓子（クッキー、チョコレートなど）、サンドイッチ |
| 音楽 | 特になし |
| 会場使用料 | 30ポンド（約4,800円）。チャリティで賄う |

## 歴史

「ここは、オアシスだ！」という認知症の人の声がここ「Oasis Café」の名前の由来。当初は「ディメンシアカフェ」という名前だったそう。イギリスではディメンシアカフェ、アルツハイマーカフェ、メモリーカフェなどの統一の名称はなく、多くの場合、それぞれの認知症カフェ独自の名前を持っています。特にスコットランドは独特性が強く、ここも何回か開催して参加者に名前を募ったところ、参加者の声から決まったとのこと。だからこそ、参加者もこの場所に対する愛着がわいていることを感じることができました。

## 立地と入口

「オアシスカフェ」は、エディンバラの新市街（といっても、300年以上前の建物が並んでいる）の少し外れ、住宅街にある教会で開催されています。教会自体は古いレンガ造りの建物ですが、その裏手に増築された新しいコミュニティセンターが「オアシスカフェ」の会場となっています。隣りには大きなショッピングモールがあり、バス停も目の前、Y字路の真ん中にある教会は通りからも分かりやすい立地です。スコットランドはキリスト教信者の多い国で、教会は地域の拠点であり、日本の寺社仏閣よりも市民にとって敷居が低く、なじみのある場所といえます。

## ❷ 本人・家族の認知症カフェ

教会の裏手に入口がありますが、新しい近代的な大きなガラス戸で、ここだけ見たのでは、教会だとはわからないでしょう。教会にはどこでもこうしたコミュニティセンターが併設されているとのことです。確かにスコットランドの別の認知症カフェ「フォーゲットミーノット・カフェ」も同じような場所で開催されていたことを思い出しました。教会は、格安もしくは無料で場所を貸してくれるため多くの認知症カフェが教会で開催されているようです。

会場はこの教会の裏手に併設されているコミュニティセンター

会場となるホールに一歩、足を踏み入れると、天井が高くバレーボールのコートが作れるくらいの広さ。案内してくれたのはオーガナイザー（世話人）のマリアさんという女性でした。

私たちのすぐ後に、ドアを勢いよく開けて、大きな荷物を持ったいかにも気難しそうな長身の男性が入ってきました。不審そうな顔でこちらを見ています。「彼がこの認知症カフェのサービスマネジャーのアランよ」とマリアさんが教えてくれました。アランさんは右手を差し出して「ようこそ！ 何しに来たんだい？一緒に楽しみなよ。聞いていたよ。ともかく見てごらん。今は準備で忙しいから後で話そう」と職人気質。広いフロアに、事務的な机と椅子を並べ、準備はすぐに整いました。キッチンではボランティアの女性が6人、忙しそうに準備をしています。ここは、食事を出すのでキッチンは特に忙しそう（食事といってもサンドイッチですが…）。

### 目的と風景

「オアシスカフェ」の目的について、アランさんは「役割からの解放の場」と力強く一言。もう1つ「暴力からの解放」でもあるとのこと。「家族は介護者という役割を背負い自分自身を殺して生きている。そして本人は認知症により自信を失っている。この認知症カフェは、お互いの自信を取り戻すためにあるんだ」とア

ランさんは言います。「自信回復の場」「自信創出の場」であると。また、「感情を回復する場」でもあり、家族は家族同士の語り合いで、本人は本人同士の楽しめる活動の中で自然とピアサポートが行われているようです。そのために、地域住民の参加は受け入れていません。当初は、若年性認知症の人の支援を目的にしていたのですが、現在はすべての認知症の人を対象に、「寛ぎをもたらすこと」「誰でもリラックスできること」を目指して運営しているということでした。

　数分すると会場内には、何組かの夫婦が入ってきました。認知症カフェの参加者は皆、夫婦で、どちらかが認知症を患っています。成人した子どもとの同居率が日本よりも低いスコットランドでは、多くの場合、介護は夫婦で担っています。この時間は、ボランティアの6人の女性が最も忙しくなるときであり、参加者を席まで案内し、「コーヒー、それとも紅茶？」と尋ねる声があちらこちらから聞こえてきます。この日は、認知症の人は11人で、男性8人、女性3人。ほとんどの人は車で来ていて、向かいの大型ショッピングモールの駐車場に停めてくるのだそうです。

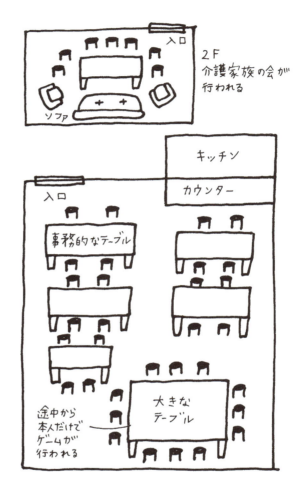

会場内の様子。なじみの夫婦の参加者が多く、会話が弾んでいる。2階では、この後、家族のピアカウンセリングが行われる

## ❷ 本人・家族の認知症カフェ

### プログラム

「オアシスカフェ」のプログラムの特徴は2つ。まず、介護者と認知症の人は、途中から別々の部屋に分かれること。もう1つの特徴は、施設職員などの専門職はおらず、ボランティアの女性スタッフのほとんどが元介護家族であることです。

| | 時間 | 内容 | |
|---|---|---|---|
| | 11:00 | オープン | |
| 第1部 | 11:05 | カフェタイム | |
| 第2部 | 11:45 | ●認知症の人 | ●家族介護者 |
| | | アクティビティプログラム<br>①ハイ＆ロー<br>②音楽クイズ<br>③回想クイズ | 介護者の集い<br>ピアサポート<br>介護者への情報提供と介護相談 |
| 第3部 | 12:50 | ランチタイム | |
| | 13:40 | 終了 | |

### 11:00 オープン・カフェタイム（第1部）

参加者は10分前から徐々に集まり始めました。ボランティアスタッフが「待っていたわ！」と声をかけて握手をしたり、抱擁をしたりしています。入口で名前を書いたり名札をつけたりはしません。常連の参加者も多く、この日も初参加の人が1人、2回目が1人、あとは常連という構成。用意されているテーブルに自由に座るようになっていますが、認知症の人と家族は一緒に座っているようです。各テーブルで飲み物を飲みながら、ボランティアスタッフも一緒に談笑がはじまります。この間、特にプログラムがあるわけではなく、最近の様子や介護について話をしているようでした。

### 11:45 認知症の人はアクティビティ、家族はピアカウンセリング（第2部）

全員が落ち着きリラックスしてきた様子を確認すると、マリアさんが「2階にいきましょう」と家族に声をかけます。一方、アランさんはテーブルの後ろのほうに大きなテーブルを用意し、その周りに椅子をぐるりと囲むように置いて、全員が座れるように準備をしていました。

◇ **認知症の人のグループ**

アランさんが認知症の人のグループを1人で仕切るようです。大きなテーブルの周りには、ボランティアに誘導された10人の認知症の人が集まっています。1人だけこの輪の中に入らない男性がいて、会場内を歩きまわり、オーガナイザーの

女性1人がずっと一緒にいます。それをあまり気にせずに、低い落ち着いた口調でアランさんがゲームを始めました。

<①ハイ＆ローゲーム>

このゲームは、昔テレビでやっていて人気番組だったらしく皆よく知っています。ゲームは単純で、まずトランプを一枚めくり、そのカ

アルツハイマー協会の職員でもあるアランさんが慣れた様子でアクティビティを進行する

ードよりも次のカードが高いか、低いかを当てます。ハイ＆ローが当たるとお菓子がもらえるルールのようでした。ゲームとゲームの間には、必ずアランさんが歌を歌い、合唱が入ります。

<②歌のクイズ>

いつの間にかハイ＆ローゲームは終わり、今度は曲の続きを当てるゲームや曲名当てクイズに変わっていました。歌はすべてアランさんが歌います。アランさんの歌声は低音で響きとても落ち着きます。彼が歌い、参加者はその曲名を当てて皆で合唱するというアクティビティ。曲はスティングの代表曲やミュージカルキャッツの「メモリー」「雨に歌えば」など有名な歌ばかりで参加者も皆よく知っています。アランさんは大きな声は出さず、自然と参加者の気持ちの方向性を定めることが上手です。そして歌も上手なのです。

<③古い新聞記事を用いた回想>

続いてアランさんは、足元から古い新聞記事が貼ってある大きな本を取り出しました。次は昔の新聞記事を用いて古い記憶を刺激します。記事は、「タイタニック号沈没」の記事。「タイタニック号は、いつ沈没したでしょう？」参加者は「1912年」と口をそろえます。参加者はその当時、生まれていないはずですが、目を輝かせ答えているのはこの国ゆえ。その次に、イギリスに実在した「殺人鬼」の話題。よく聞き取れませんでしたが、おそらく「切り裂きジャック」の話でしょう。これも100年以上前の話題です。

## 2 本人・家族の認知症カフェ

### ◇ 介護者のグループ

介護者のグループは、カフェの会場から一旦退出し、2階にある部屋に移動しました。この部屋には、1階の会場を見下ろすことができる大きな窓が付いています。

部屋の中心に小さなテーブルがあり、それをぐるりと取り囲むように円形に座ります。座り心地のよさそうな低いソファが置かれています。進行はオーガナイザーのマリアさんです。

2階の別室の様子。家族が悩みについて話し合い、涙をしながら抱き合う姿が見られた

この場所では、介護やサービスに関する情報提供を行ったり、介護の悩みをお互いに吐露し合い、励まし合う時間を共有します。情報提供は、医師やセラピストなどがゲストスピーカーとして来ることもあるとのことでした。

およそ50分程度この時間が続きますが、その間介護家族は、大粒の涙を流しながら他では言えない自分の心境や出来事を話します。ある女性は嗚咽が止まらなくなってしまい、一旦、退室するほどでした。こうした光景は、日本の家族の会でもよく目にしますが、日本との大きな違いは、強く抱き合い、励ましあい、大声で泣くなど、感情表現が豊かなところではないでしょうか。なかにはこの輪に入らずに2人だけで話している人もいました。この2人は、娘の立場の介護家族です。認知症の人との関係により悩みは異なるため、それぞれが思いを語りやすいよう配慮されています。

### 【家族の声】

- 「皆さまざまな問題を抱えていることがわかり安心できた。できるだけ外に出したいと思っていたので認知症カフェはとてもよい機会である」
- 「認知症の夫が依存的なために、ここでは離れることができる。家にいるといつも2人だけ」
- 「地域の人にこのような愚痴を言うと、ひどい人だと思われてよい妻を演じなければならないのよ」
- 「ここに来るときに夫は「今日はどこへ行く?」と6回言った。その回数を数えることで紛らわしている」

## 12:50 ランチタイム(第3部)

　それぞれの活動をしている間、ボランティアの女性たちはランチの準備をしています。最初に座っていたテーブルに戻ると、ボランティアの女性がサンドイッチを持ってきて、「ツナ、ハム、卵どれがいい？」と親しげに聞いてくれます。ボランティアの女性は皆、高齢で元気いっぱいですが、時には介護家族の話に親身になって耳を傾けます。ひとりが「私たちは、ほとんどがこのオアシスカフェの卒業生なの。だから未亡人が多いのよ」と話すと、ほかの女性も集まってきて楽しそうに話しだします。「私たちはこの認知症カフェのために、なんでもするわ。食事を作り、お茶をだし、不穏な人の話し相手になるの。そして一緒にお話をするのよ」。ボランティアの教育や研修の方法について聞いてみると、「特に研修や教育なんてないわ。やりながら覚えるのよ。見てごらんなさい、うまくいっているでしょう？私は介護をしていた。それ以上の教育があるの？」と切り返されてしまいました。「それはそうと、あなたサチコを知ってる？」と聞かれ、「えっサチコ？　どこのサチコさんですか？」「日本のサチコよ。前に私のうちにホームステイしていたの。今も素敵なクリスマスカードを送ってくれるのよ。サチコを知らないの？！」「・・・・・」こんな話をしているうちに、ランチを食べ終わった人が少しずつ帰っていきました。

キッチンを担当する地域のボランティアスタッフ。元介護者が多く同じ悩みを共有できると胸を張る

## 13:40 終了後ミーティング

　終了後、ボランティアが集まってミーティングをしていました。サービスマネジャーのアランさんと、オーガナイザーのマリアさんに評価方法について聞いてみました。「評価は2つの側面から行っている。まず家族からの評価、もう1つは認知症の人からの評価。これらはその様子や口頭で受ける。これらをアルツハイマー協会にフィードバックするんだ。もっとも大切なのは、本人からの評価だ。なぜなら、家族は本人の評価を消してしまうから」との答えでした。

　イギリスでどうしても聞いてみたいことがありました。ブラッドフォード大学に

いたトム・キッドウッドが提唱した「パーソン・センタード・ケア」について。「ここのプログラムは集団で行われることが多いけれど、『パーソン・センタード・ケア』についてどう考えている？」と尋ねると、アランさんは意表を突かれたような表情で、「もちろん知っているさ。『パーソン・センタード・ケア』は個別ケア。ある程度スタッフがいれば個別的にかかわることはそれほど難しくない。しかし、ここのように人員が足りない状況では、集団で個別性を高めることが大切なんだ。しかしこれには高いスキルが必要だ。そこを目指している。ただしマニュアルなどはないけどね」と笑っていました。

## 参考文献

- レイ・オルデンバーグ著・忠平美幸訳『サードプレイス　コミュニティの核になる「とびきり居心地よい場所」』、みすず書房、2013年
- 水島治郎『反転する福祉国家　オランダモデルの光と影』、岩波書店、2012年
- マルク・ソーテ著・堀内ゆかり訳『ソクラテスのカフェ』、紀伊国屋書店、1996年
- 金谷展雄『イギリスの不思議と謎』、集英社新書、2012年
- 長田攻一・田所承己編『＜つながる／つながらない＞の社会学　個人化する時代のコミュニティのかたち』、弘文堂、2014年
- 武地一編著『認知症カフェハンドブック』、クリエイツかもがわ、2015年
- 鷲田清一監修『シリーズ臨床哲学2　哲学カフェのつくりかた』、大阪大学出版会、2014年
- ナカムラクニオ『人が集まる「つなぎ場」のつくり方　都市型茶室「６次元」の発想とは』、CCCメディアハウス、2013年
- Mingay,G.E. TheGentry : The Rise and Fall of a Ruling Class. Longman,1976
- Simon Schama. The embarrassment of riches:an interpretation of Dutch culture in the Golden　Age,Vintage,1997
- David Helpern,Social Capital.Polity Press 2005
- Bere M.L. Miesen.Dementia in close-up. Routledge,1999

## あとがき

　「ミイラ取りがミイラになった」。そう思われた方がいたかもしれません。私は、2015（平成27）年11月、東北福祉大学の一角にあるカフェで毎月第1土曜日に、認知症カフェ「土曜の音楽カフェ♪」を開催することにしたのです。2015（平成27）年5月にオランダとイギリスの認知症カフェ17か所を1か月かけて見て回りました。本当の認知症カフェとは何か？　その答えを探すために。まさかその半年後に、認知症カフェを開催しているとは思ってもいませんでした。

　2016（平成28）年2月の「土曜の音楽カフェ♪」が終わった直後に、見学で参加されたある介護施設の職員の方から「私が持っていた認知症カフェの概念をよい意味で根本的に覆す場でした！」というメールをいただきました。これは、私がオランダの認知症カフェを見学したときに感じた思いと全く同じでした。私たちが開催している認知症カフェは、オランダとほぼ同じスタイルで行っています。

　家族支援を専門としている私は、「なぜ、本当に支援が必要な人に必要な支援が行き届かないのだろうか？」というもどかしさを常に感じていました。2012（平成24）年に認知症カフェを知り、同時にオランダが発祥であることを知ったとき、この課題に対する認知症カフェの可能性を感じました。そこで、2014（平成26）年にいくつかの日本の認知症カフェを見学させていただきました。はじめに見学させていただいたのは、京都の森俊夫先生が企画する患者の会からはじまった「れもんカフェ」でした。そこで目にしたのは、それまで誰もやってこなかった領域に果敢に挑戦する専門職と認知症の人や家族の姿、そして行政の方の姿でした。その後もいくつかの認知症カフェに足を運び、さまざまな実践を見て回っているうちに、少しずつ既存のサービスとの違いが見えにくくなっていきました。そのうち自分自身の頭をリセットするために、発祥の国オランダ、そしてイギリスの認知症カフェを見てみたいと思うようになりました。

　4月下旬のヨーロッパはまだ寒くコートは手放せません。イングランドのチェルトナムを拠点に、コッツウォルズ地方を中心に4か所の認知症カフェをめぐる。どのカフェも意外に少人数でありデイサービス思わせるプログラム中心の展開に驚きました。1週間の滞在後、電車でスコットランドへ。雪が舞っていました。サッカーカフェ、ガーデニングカフェなど、当事者の趣味嗜好に合わせたさまざまな認知症カフェが展開されており、同じ国とは思えないほど異なる内容に驚き、再び混乱します。その1週間後、オランダへ。残念ながらチューリップの季節は終わっていましたが、

本当に美しい国です。オランダはレイズウェイクというデンハーグの隣町のアパートを拠点に2週間滞在することにしました。知人である木田千春さんの案内で、車で毎日認知症カフェに赴きます。ここオランダで認知症カフェの「本質」を感じました。認知症について、同じ立場で、同じ目線で、夜が更けるまで語り合う認知症の人、家族、地域住民、専門職の姿に驚き、感動を覚えました。ミイラ取りがミイラになったきっかけです。「認知症カフェとは何なんだ？」という問いをぶつけに来たはずが、そこにいる人たちは、「企画者」「講師」「利用者」でも「当事者」でもなく皆「参加者」で、同じ目線で認知症のことを考えている。「これが認知症カフェなんだ。認知症カフェとは、すべての人がひとりの「人」として、同じ目線でケアではなく文化として認知症を浸透させていく営みであり、社会的包摂の手段なのだ」と確信を得ました。

　日本に帰り、あらためて全国各地の認知症カフェを巡ってみることにしました。すると、それまで見えなかった「線」や「枠組み」が、自然に見えてきたのです。そして、自ら「土曜の音楽カフェ♪」を開くことになったのです。オランダ式の認知症カフェです。地域の力を引出すのは、人でしかないことを改めて感じます。「認知症カフェをやりたい」その気持ちがあれば、悩む前に、悩みを地域の人に相談してください。その際に、本書をぜひ携えて、説明に役立つことがあればと切に願っています。

## 謝　辞

　ヨーロッパの認知症カフェ巡りは手探りでした。最初に助けていただいたのは、パーソン・センタード・ケアの翻訳で著名な中川経子さんでした。認知症介護研究・研修大府センターの中村裕子さんの紹介で、東京駅のステーションホテルのカフェで小さな体に秘められた力強い言葉から勇気をいただきました。スコットランドでは、エディンバラ駅のカフェでスミス好枝さんとお話したことが始まりでした。オランダでは、木田千春さんにすべて通訳をしていただきました。そして認知症カフェ巡りをしながら、道中の小さな街でご主人のヤンさんと共にオープンカフェで豪快に笑いながら話をしました。Japan Cultural Exchangeの中條永味子さん、松本恵美さんは、オランダの認知症カフェとのコンタクトを担当してくれました。オランダの伝統料理を食べながらオランダ人の気質や文化を教えていただきました。

本書で紹介した海外の事例はほんの一部です。スコットランドアルツハイマー協会（Alzheimer Scotland）、イングランドアルツハイマー協会（Alzheimer Society）、オランダアルツハイマー協会（Alzheimer Netherland）の各支部職員、認知症カフェのボランティアの皆さん、そして認知症の人、家族の皆さんは、まったく隠すことなく教えてくれました。振り返ると、すべての人との出会いの場はカフェであり、片手にコーヒーカップを持っていたこと、そして「コーヒー？　それとも紅茶？」というひと言からはじまっていました。

　本書をまとめるきっかけを橋渡ししてくれたのは、北海道の大久保幸積さんの助言でした。中央法規出版の野池隆幸さんには、やはり東京駅のカフェで企画段階で親身に相談に乗っていただきました。何より本書の制作にあたっては、見かけによらず鋭い指摘や助言を惜しまず、根気よく原稿や写真を待っていただきました須貝牧子さん、本当にありがとうございました。今度はカフェでゆっくり話をしましょう。

　そして、「土曜の音楽カフェ♪」の開催は、国見地区社会福祉協議会会長の名河内豊さん、民生児童委員の多田陽子さんはじめ会員の皆様にご協力いただきました。国見地域包括支援センターの千葉万里子さんには、地域の力の活かし方やノウハウを指導いただきました。国見地区のみなさん、これからもどうかよろしくお願いいたします。また、友人代表として認知症カフェへの思いをつづっていただいた丹野智文さんありがとうございました。

　最後に、本書の執筆にあたり、突然の訪問にも関わらず、快く受け入れてくださいました各地域の「認知症カフェ」関係者の皆さま、誠にありがとうございました。訪問した際に、ご協力いただきました参加者の皆さま、忙しいなか、お話を聞かせてくださった運営スタッフの皆さまに、この場を借りて心より感謝申し上げます。

2016年3月

認知症介護研究・研修仙台センター／東北福祉大学
矢吹知之

### 著者紹介

**矢吹知之**（やぶき・ともゆき）

認知症介護研究・研修仙台センター主任研修研究員／東北福祉大学専任講師

長野県安曇野市生まれ。東北福祉大学大学院社会福祉学研究科修了後、青森大学社会学部専任講師を経て、2001年より現職。専門は社会学、社会福祉学（特に、介護家族支援）。最近は、介護家族支援における認知症カフェの意義について研究しており、2015年から仙台市にてオランダ式認知症カフェ「土曜の音楽カフェ♪」を開催。

編著書として、『高齢者虐待の予兆察知―在宅介護における家族支援と対応のポイント』2011年、『改訂　施設スタッフと家族のための認知症の理解と家族支援方法』2012年、『家族が高齢者虐待をしてしまうとき』2012年、『認知症の人の家族支援―介護者支援に携わる人へ』2015年（以上、ワールドプランニング）などがある。

### 執筆協力者（掲載順）

- 高橋正彦、老門泰三…土橋カフェ
- 石村巽…みたか夕どきオレンジカフェ
- 及川明美…思い出カフェ
- 信高里恵、中司登志美…ガーデンカフェ
- 橋本武也…カフェdeオレンジサロン

### Special Thanks

- UK：Fay Godfrey, Alan Midwinter, Sally Stockbridge, Michael White, Lee Hawthorne
- Holland：Hans van Viegen, Lia Hagen, Eduard Masereeuw, Adri van Wijngaarden, Femke Schuiling, Anne Kwa Kraaikmp, Pim Giel, Letje de Groot, Jozien Wolthers, Dr.Rose marie Droes

## 認知症カフェ読本
知りたいことがわかるQ&Aと実践事例

2016年4月25日　　初版発行
2018年5月20日　　初版第3刷発行

著　者：矢吹知之
発行者：荘村明彦
発行所：中央法規出版株式会社
　　　〒110-0016　東京都台東区台東3-29-1　中央法規ビル
　　　営　　業　TEL 03-3834-5817　FAX 03-3837-8037
　　　書店窓口　TEL 03-3834-5815　FAX 03-3837-8035
　　　編　　集　TEL 03-3834-5812　FAX 03-3837-8032
　　　http://www.chuohoki.co.jp/
印刷・製本：株式会社ルナテック

装　丁：澤田 かおり（トシキ・ファーブル）
本文デザイン：澤田 かおり+トシキ・ファーブル
イラスト：のだよしこ

ISBN978-4-8058-5325-2
定価はカバーに表示してあります。
落丁本・乱丁本はお取り替えいたします。

本書のコピー、スキャン、デジタル化等の無断複製は、著作権法上での例外を除き禁じられています。また、本書を代行業者等の第三者に依頼してコピー、スキャン、デジタル化することは、たとえ個人や家庭内での利用であっても著作権法違反です。